(3)

LE CRI DE L'OPPRESSION.

PAR J. B. SELVES,

Appelant d'un jugement surpris contre lui et contre le vieillard Amable Duchesne, par deux avoués nommés Lemit et Normand.

Frappe, mais écoûte.

PRÉAMBULE.

C'est avec la plus grande simplicité et avec tout le respect dû à la justice, mais aussi avec toute la latitude de la défense naturelle, et avec tout mon courage, qui seroit imperturbable, même dans les prisons et sur les échafauds, comme devant le canon de l'ennemi, que j'attaquerai ce jugement qui prononce six mois de prison, dix années de privation des droits civils, deux mille francs d'amende, dix mille francs de dommages et intérêts, l'affiche, etc. et dont les journaux ont retenti plusieurs fois comme s'ils étoient aux ordres des avoués.

Quelle série de peines et d'horreurs ! que ne faudroit-il pas avoir fait pour les mériter ?

La perte de la vie seroit mille fois moins pénible : je ne saurois donc trop faire pour ma défense.

Ce sont d'ailleurs les deux avoués ; contre lesquels ils y a dénonciation de leur inconduite dans un procès civil, qui, en multiplant les êtres selon leur passion, rendent les détails inévitables, parce qu'ils ont imaginé de porter au correctionnel, une plainte récriminatoire sous prétexte de calomnie dans la dénonciation faite contre eux, pour faire juger, en même temps, et ailleurs que par le juge saisi, leurs méfaits dans le procès civil, quand, selon le texte de la loi, le procès civil, la dénonciation contre eux, et leur plainte, doivent être dans le même sac et jugés au civil par un seul et même jugement.

On voudra bien aussi excuser le scrupule, peut-être minutieux, avec lequel je suivrai les faits, et j'en montrerai l'authenticité ; et la vigueur avec laquelle je repousserai ce nouveau trait si horrible de l'oppression qui m'accable depuis plus de dix ans, et que je ne saurois assez solenniser, autant pour le bien de la justice, que pour mon intérêt particulier.

On pourroit dire qu'il n'y a plus de sûreté pour les propriétés, de respect pour la vérité, si dans l'occasion actuelle, mes oppresseurs eux-mêmes ne subissoient pas une punition exemplaire.

J'assure encore que si tout le monde n'avoit pas été pleinement convaincu, par mes précédens écrits, de l'existence de la coalition qui a décidé de me détruire, ceux qui voudroient en douter, après avoir lu celui-ci, seront des incrédules volontaires et incurables.

(3)

Cause véritable du Procès.

L'horrible condamnation que je viens de retracer, n'auroit jamais pu être produite par sa cause apparente : car cette condamnation ne punit le vieillard Amable Duchesne que parce qu'il ose se plaindre des mauvaises procédures par lesquelles on l'a ruiné ; et elle ne cherche en même temps à m'atteindre qu'en empoisonnant l'acte de charité le plus louable, car je n'ai jamais fait que céder aux importunités de ce vieillard, qui ne trouve personne pour le défendre ; je n'ai fait que rédiger pour lui, après plusieurs prévenances secrettes, afin d'éviter un éclat contre les coupables, une supplication de quatre pages adressée aux magistrats pour indiquer un moyen légal d'éteindre et punir l'instance ruineuse imaginée contre lui.

Une telle supplication, incidente à une instance civile et faite uniquement pour dénoncer, arrêter et punir cette instance, conformément aux articles 132 et 1031 du Code de Procédure, ne peut, suivant l'art. 377 du Code pénal, être appréciée et jugée comme véritable, ou comme calomnieuse, que par les magistrats nantis de l'instance civile ; et elle n'auroit pu être portée devant les juges correctionnels, qu'autant que les juges civils l'y auroient renvoyée, si elle contenoit des outrages au-dessus de leur compétence.

Mais le jugement, par l'adresse de ceux qui l'ont surpris, voudroit qu'une plainte qui dénonce au juge des faits punissables, et qui demande l'instruction sur ces faits et la punition , fût, avant l'instruction ; regardée comme calomnieuse, comme une imputation sans cause , de l'espèce de celles dont parle l'article 367 ; si on ne rapporte pas un jugement, ou un acte authentique antérieur qui ait prouvé d'avance que le fait imputé est vrai : c'est-à-dire que , suivant la logique de ce jugement, il n'y auroit pas de plainte qui ne dût être punie avant tout, *comme calomnie*, car lorsque vous porteriez une plainte contre un voleur, ou contre un assassin, pour le faire punir, il pourroit vous dire, vous me calomniez et vous devez être puni vous-même avant que le juge instruise contre moi , pour savoir si j'ai volé ou assassiné, parce que vous auriez dû avoir la preuve authentique du vol, ou de l'assassinat contre moi, avant de porter une plainte pour acquérir cette preuve. Voilà à quel point est porté l'esprit absurde de ce jugement, malgré l'art. 377 qui a prévu cette absurdité et proscrit d'avance une tactique si odieuse, et qui réaliseroit cette iniquité qui dit *pendu et ensuite jugé.*

Ce jugement n'auroit donc jamais pu exister sans l'aveuglement qui l'a laissé surprendre.

Il y a donc une autre cause que la supplication de Duchesne prétendue calomnieuse, il y a une cause secrète, il y a quelque passion violente, qui sait tromper les juges , les prévenir, les aveugler, qui a produit un jugement si révoltant.

Oui ! il y a une cause secrète , qui agit sans cesse , pour saisir toutes les occasions de m'opprimer. Il est de notoriété publique que j'ai démontré et fait réparer , quoiqu'avec la plus grande peine,

une grande partie des erreurs que quelques subalternes ne cessent de faire commettre par les pièges
qu'ils tendent aux juges. Et après avoir long-tems
su extorquer contre moi des condamnations civiles,
ils voudroient attenter à ma liberté.

Cette cause secrète est d'autant moins douteuse
qu'elle n'a pas su se tenir tout-à-fait secrète dans
l'occasion actuelle. Elle s'est montrée dans les plai-
doieries des avoués, elle a produit une prévention
si grande, que le jugement lui-même n'a pu s'empêcher de la manifester dans ses motifs ; car, en
m'insultant, ce jugement divague jusqu'à dire que,
sans qualité, sans mission, j'exerce dans l'état une
censure arbitraire, terrible, etc., c'est-à-dire, que
ce jugement se permet de blâmer mes ouvrages, sur
les désordres dans l'admistration de la justice, sans
s'apercevoir du tort que ce jugement lui-même s'est
fait en prouvant ainsi qu'il n'existe que pour assou-
vir la vengeance, la colère d'une poignée d'hommes
intéressés et de leurs partisans, auxquels mon intré-
pidité pour les vérités nécessaires déplaît, et qui sont
pourtant telles que, lorsque cette colère sera appai-
sée, j'obtiendrai, même de leur part, j'ose le pré-
dire, les récompenses que mes fatigues et mes intentions auront mérité.

Voilà la cause véritable du jugement, voilà ce
qu'il a voulu punir, voilà ce que la multitude des
observateurs de la capitale et de l'Empire, qui sont
au courant de mes travaux et de l'oppression qui
m'accable, ont deviné, sans attendre l'explication et
la preuve évidente que je viens de donner, prise

dans le jugement lui-même , que sa malignité vient d'une cause autre que celle qu'il avoit à juger.

Cause apparente du Procès.

Mais il faut encore prouver que la cause apparente du procès , n'est autre que ma charité pour Duchesne , qu'on empoisonne, dont je ne me vanterois certainement pas , s'il ne le falloit pour sa défense et pour la mienne , ce qui, loin de mériter le moindre reproche , ne présente de ma part, sous tous les rapports , qu'une action très-humaine ; et que si un jugement tel que celui que j'attaque pouvoit subsister, on ne pourroit plus faire le bien qu'en tremblant.

Autant vaudroit dire qu'il est défendu aux ames sensibles, sous peine d'être dévorées elles-mêmes, de consoler les malheureux , de les aider à se défendre , lorsque des subalternes du Palais de Justice les dévorent , et qu'il faut laisser faire , lors même que d'autres subalternes , quoique plus nombreux qui en gémissent, n'osent pas les défendre , et en avertir les supérieurs.

Objet du présent écrit.

Toute la tâche à remplir dans cet écrit consiste à rendre compte du procès civil de Duchesne et de son malheur. Par cela seul il sera démontré que sa supplication , qu'on veut faire regarder comme calomnieuse au correctionnel , n'est qu'une défense civile , nécessaire et juste pour éteindre un procès civil ruineux , et pour punir celui qui l'a fait, et celui qui , au lieu de l'arrêter l'a laissé continuer.

Il sera démontré que c'est au juge civil, nanti de ce procès, à apprécier la supplication et la juger.

Il sera démontré enfin que dans le cas où il n'y auroit pas eu de procès civil, il n'étoit pas permis aux deux avoués de présenter et faire juger une plainte en calomnie, avant l'instruction sur les faits dénoncés et articulés, par la supplication, comme punissables, et qui cite la loi qui les punit.

On sentira alors assez combien est déplorable le jugement attaqué.

PREMIERE PARTIE DES FAITS.

Qu'est-ce donc qu'Amable Duchesne et son procès ? et comment l'ai-je connu ? comment me suis-je décidé à faire quelque chose pour lui ?

Apparition de Duchesne chez J. B. Selves, et son motif.

Ce fut, vers le mois de janvier 1813, il y a à peu près un an, que je vis pour la première fois le vieillard Amable Duchesne, âgé de 72 ans, cultivateur d'Ermont, canton de Montmorency.

Il se présenta à moi pour me dire, qu'il avoit perdu un ancien juge appelé M. Perrot, qui étoit son protecteur et son conseil, parce que personne du Palais n'osoit agir, ni le conseiller, contre des hommes du Palais dont il avoit à se plaindre ; qu'on l'avoit excité à s'adresser à moi en lui assurant que je l'écouterois, et que je lui donnerois quelques avis. Il m'annonça de suite qu'il avoit été ruiné aux criées de Paris par une licitation supposée nécessaire par M^e. Lemit, avoué. Je lui répondis alors, et plusieurs fois ensuite lorsqu'il revint, que je regrettois d'être trop occupé et de ne pas avoir le tems de jeter les yeux sur son affaire.

J'avois répondu la même chose souvent à plusieurs autres personnes, et sur-tout peu de tems auparavant à un notaire, et à la nièce d'un séna-teur-qui-m'avoient fait part de leurs malheurs causés précisément par ce même avoué Lemit, et par l'affreux agiotage qui se pratique chaque jour aux criées et qui peut bien être appelé *la ruine à la mode*.

Depuis que le procès actuel existe, d'autres personnes auroient voulu aussi me faire occuper des chagrins que leur cause l'avoué Lemit : tous ont éprouvé de ma part le refus de les écouter, comme Duchesne l'avoit éprouvé pendant environ six mois.

Aussi, on ne pourroit, sans une injustice bien grande, croire que j'aie été chercher Duchesne pour m'occuper de lui.

Le vieillard, malgré mes refus, ne s'étoit pas déconcerté, il revint chez moi vers le 12 juin, et pour m'intéresser il porta une lettre de recommandation du maire d'Ermont, sa commune, qui m'exhortoit à prendre pitié de son malheur.

Il avoit aussi dans ses mains quelques papiers, et sur-tout un tas de ces paperasses qui ne se composent presque que des copies que reçoivent sans cesse les malheureux qu'on dévore par des frais énormes, par des concussions, qu'exercent quelques subalternes avides, et que le grand nombre d'hommes du

Palais, bien intentionnés, n'osent pas critiquer pour ne pas se faire des ennemis.

Il me pria de jeter particulièrement un coup d'œil sur une consultation que M. Pernot et le maire de sa commune lui avoient dit de faire faire par M. l'avocat Hemery. Il n'avoit trouvé aucun avoué qui voulût prendre des conclusions conformes à cette consultation, parce qu'il falloit critiquer, et réclamer contre la procédure faite par l'avoué Lemit.

Il appela aussi mon attention sur la copie d'un jugement poursuivi par Lemit, le 13 mars 1813, signifié le 24 avril, et sur plusieurs copies relatives à une saisie de ses chétifs meubles, faite par le percepteur, pour ses contributions arréragées depuis que le procès ruineux avoit commencé, et le faisoit courir et mourir sans cesse d'angoisse et d'inanition ; il me jura qu'il n'avoit pas le premier sol pour payer les contributions ni pour avoir du pain.

Il me donna quelques explications, sur les faits, et me laissa ses papiers, que je ne pouvois pas examiner de suite ; je lui dis de revenir dans quelques jours.

Je fus d'abord édifié du célibat austère et de la vie paisible d'Amable Duchesne pendant 70 ans, comme cultivateur à Ermont, dans la chaumière de son père, qui fut tabellion.

Si j'avois aperçu quelque reproche à faire à ses mœurs ou à sa probité, je l'aurois éloigné de moi sur-le-champ.

Rien ensuite ne me parut plus certain, mieux prouvé, plus odieux, d'après les pièces, que le trouble porté par la cupidité de Lemit, dans cette chaumière, en faisant la procédure la plus inutile et la plus perfide, pour enlever et vendre, sous prétexte de licitation, les biens d'Amable qui n'étoient communs avec personne.

Rien n'est plus évident que l'abus de confiance, la surprise, la prévarication, la tromperie, et le vieillard dit de plus, la violence de l'avoué Normand, à qui Duchesne avoit confié tout son argent pour payer les droits du greffe et de l'enregistrement de l'adjudication de tous les biens, sous toutes réserves. Normand, qui se chargea d'acheter tout, en prenant le pouvoir et l'argent, ne le fit pas ; il laissa échaper les terres malgré le bas prix auquel elles furent adjugées, et n'acheta que les bâtimens, pour garder la plus grande partie de l'argent destiné aux droits ; il empêcha le vieillard, et Normand en convient, de reprendre son argent, lorsqu'il venoit d'éluder d'en remplir la destination.

Voici l'analyse des actes qu'il est indispensable de faire connoître.

Analyse des actes de la famille Duchesne.

Le vieux Duchesne, tabellion à Ermont, dans le ressort de Pontoise, étoit mort en 1741, laissant sa chaumière, quelques pauvres meubles, et onze lopins de terre qui ne faisoient pas quatre arpens. Sa veuve lui survécut avec quatre enfans, dont trois mâles, appelés *Jean-Louis*, *Etienne* et *Amable*, et une fille infirme.

Jean-Louis et *Etienne* vinrent à Paris ; l'un se fit bijoutier, l'autre marchand de vin.

Amable, qui nous occupe aujourd'hui, resta dans la

chaumière avec sa mère et sa sœur ; il travailla toujours, depuis son plus bas âge comme cultivateur ;
il faisoit produire ce qu'il pouvoit aux onze lopins de
terre ; il cultivoit le jardin du curé, soignoit sa mère
et sa sœur, et le dimanche, son délassement étoit
de chanter au lutrin. Il resta célibataire. Voilà sa vie.

En 1772, le 30 juillet, il acheta trois pièces de
terre faisant un arpent et quelques perches, devant
le notaire Vaillant de Moulignon, pendant que ses
frères, qui n'avoient aucune charge, faisoient à Paris
des profits bien plus grands.

En mars 1773, un oncle appelé Callet, frère de leur
mère, voyant tous ses neveux depuis long-tems ma-
jeurs, voulut se donner la satisfaction de partager lui-
même entr'eux leur petite succession paternelle ; il
jugea à propos de ne faire que trois lots, entre les trois
mâles, quoiqu'il y eût quatre enfans, parce que la
fille infirme n'avoit que faire d'un lot ; il falloit la garder et la nourrir ; et il fut écrit dans le partage que,
si jamais il falloit lui expédier ce qui lui revenoit,
les trois frères s'y obligeoient solidairement.

La chaumière ne fut pas partagée ; il fut dit qu'on
la laissoit à Amable, avec les chétifs meubles, à
cause de ses dépenses et pour le loger. Mais, malgré
que la chaumière ne valût pas alors 3 ou 400 fr.,
puisqu'en 1811, ce qui est quarante ans après, elle
n'a été vendue, quoique bien entretenue, que 800 fr.,
on ne l'abandonna à Amable, qu'à condition qu'il
l'entretiendroit de toutes réparations ; qu'il payeroit
les contributions, et de plus, quatre ou cinq rentes
foncières qui frappoient tous les biens, se portant à
58 livres 3 sols, ce qui formoit en tout à peu près

une charge annuelle de 100 livres, pour un capital d'environ 400 livres, sans compter que le malheureux Amable étoit créancier de toutes ses avances pour sa mère et sa sœur ; le curé, qui étoit aussi son débiteur des travaux et des semences du jardin, ne le payoit pas, et comme il avoit acheté trois pièces de terre, il avoit quelques dettes.

Après ces préliminaires pour le partage, d'après lesquels la chaumière et les meubles restèrent à Amable, il n'y eut plus à partager de la succession du tabellion que les onze lopins de terre, qui furent estimés à 1747 livres 10 sous, et aussitôt divisés en trois lots, et tirés au sort entre les trois frères, devant Callet leur oncle, qui écrivit lui-même l'acte.

Le premier lot, de quatre lopins, estimés 624 liv., échut à Amable.

Le second, de quatre lopins, estimés 537 liv. 10 s., échut à Jean-Louis.

Le troisième lot, de quatre lopins, estimés 586 liv., échut à Etienne.

Le partage, écrit le 23 mars 1773, et signé d'abord par l'oncle Callet, fut souscrit ensuite par les trois frères, qui déclarèrent, ce sont leurs expressions, qu'ils en étoient contents, et apposèrent leurs signatures ; et un tel acte, fait ainsi en famille, est bien sans doute aussi respectable que tout autre.

Malgré ce partage, et comme il y avoit compte à faire avec Amable, créancier, pour avoir soutenu la mère et la sœur, qui avoient d'ailleurs leurs reprises sur les biens, les deux frères, *Jean-Louis* et *Etienne*, n'eurent pas le courage de ravir à leur frère Amable la jouissance des sept lopins de terre qui composoient leurs deux ots ; il auroit d'ailleurs fallu en même tems se régler et payer à Amable une somme plus forte que la valeur des deux lots , qui n'alloient pas , d'après l'estimation , à 1200 liv. , puisque le total des trois lots n'étoit que 1747 livres 10 sous.

Quelque tems après, Etienne, ou sa fille, prit des arrangemens avec Jean-Louis, qui devint seul propriétaire des sept lopins. Le 18 brumaire an 4, dans un écrit privé, fait en double, Jean-Louis et Amable déclarèrent de plus fort qu'ils entendoient exécuter le partage fait entre frères par l'oncle Callet.

Jean-Louis ne songea pas plus encore alors qu'auparavant à ravir à Amable la jouissance des sept lopins, parce que leur chétif revenu, contributions payées, ne valoit pas l'intérêt des reprises qu'auroit eu à exercer Amable. D'ailleurs Amable étoit célibataire , et à sa mort, Jean-Louis ou ses enfans auroient tout trouvé.

Amable avoit aussi bâti quelques chambres et quelques écuries peu à peu, dans le cours de trente ans , sur un lopin de jardin dépendant de son lot ; il avoit planté quelques vignes. Il étoit content, espérant finir sa vie en paix , se voyant possesseur de la chaumière, du jardin et des bâtimens qu'il y avoit faits , des quatre lopins de son lot , et des trois pièces de terre qu'il avoit achetées. Tout cela valoit sept à huit mille francs, et se trouvoit partagé , séparé et distinct, sans qu'il y eût maille à partir avec personne. C'est ce point qu'il ne faut point perdre de vue pour bien apprécier la supercherie dont il va être bientôt parlé. Les sept lopins appartenant à Jean-Louis, qui avoient formé son lot et celui d'Etienne, étoient aussi parfaitement distincts, désignés et séparés par le partage.

Amable, à la vérité, qui avoit eu tant de charges,
avoit quelques dettes ; mais il avoit aussi quelque sol,
le curé lui devoit 500 liv. M. Perrot, ami du curé, lui
avoit prêté 240 liv. , en attendant que le curé le payât ;
mais la révolution étoit venue y mettre obstacle, il
fallut emprunter. On trouva 1200 liv. chez le notaire
Péan-de-St.-Gilles, qu'un maçon, appelé Hardelle,
prêta. Les deux frères Jean-Louis et Amable s'obli-
gèrent solidairement pour ce prêt, et hypothéquèrent
tous les biens d'Ermont, comme s'ils les jouissoient
par indivis, afin de n'être pas obligés de faire enre-
gistrer leurs actes privés de partage. Mais dans le même
instant, le même jour, 27 frimaire an 14, il fut fait
entre eux un troisième acte privé en double, dans lequel
il fut déclaré que le prêt de 1200 livres étoit pour le
compte d'Amable seul, et comme il venoit d'être dit,
dans l'obligation devant notaire, que les biens étoient
indivis, ne voulant pas que cela portât la moindre atteinte au partage fait en 1773. Ils écrivirent dans
cet acte qu'ils entendoient de plus fort que le partage eût son exécution. Il ne faut pas douter que
ce nouvel acte privé , si utile à Jean — Louis, ne
se soit trouvé chez lui à son décès, puisque nous verrons bientôt que dès le premier exploit, Lemit a fait
usage de cet acte pour dire que la dette de 1200 fr.
regardoit Amable seul, et de plus , dans la plaidoirie
de l'affaire actuelle, son avocat a lu cet acte en entier
sur l'audience, pour prouver de nouveau que la dette
de 1200 fr. regardoit seul Amable , sans se douter qu'il
prouvoit, en même tems que Lemit étoit nanti de
cet acte, et que dès le principe, Lemit avoit connu
le partage.

Jean-Louis décéda, laissant deux fils appelés, l'un *Alexandre*, bijoutier ; l'autre, *Philippe*, officier de bouche, et à présent commis à Rouen. Ils trouvèrent si bien chez leur père les papiers de famille, et surtout le dernier acte du 27 frimaire an 14, qui disoit que l'emprunt de 1200 fr. étoit pour le compte seul d'Amable, et qui répétoit l'existence du partage, que l'avoué Lemit en est nanti, ainsi qu'on vient de le voir.

Les deux frères, à ce qu'il paroît, n'ont trouvé dans la succession de leur père d'autre immeuble que les sept lopins de terre que leur oncle jouissoit, et qu'il déclara qu'il étoit prêt à leur céder, en allant se régler chez le notaire Péan-St.-Gilles, où leurs petites affaires étoient connues ; c'étoit peut-être une dépense de cinquante francs de frais à faire pour ce chétif réglement ; et avec peu de chose, qu'on auroit ajouté à quelques napoléons qu'Amable possédoit, et quand il auroit fallu vendre l'un des bâtimens, ou quelqu'un des lopins de terre, qui eussent été vendus sur l'instant, à l'amiable, à quelque voisin, il étoit facile de payer la dette de 1200 livres à Hardelle ; il ne restoit ensuite à Amable à payer que 240 livres, à son protecteur, M. Perot, qui ne l'eût pas tourmenté, surtout quand le curé, ami de M. Perot, devoit 500 liv. à Amable.

Apparition des Neveux de Duchesne chez l'avoué Lemit.

Mais une étoile fatale inspire aux deux frères d'aller voir l'avoué Lemit, qui se fait donner de suite, par les deux frères un pouvoir, l'avocat de Lemit l'a dit lui-même en plaidant, pour faire le partage de la succession de leur père *Jean-Louis* ; ces deux frères étoient parfaitement d'accord, puisqu'ils donnèrent ensemble un pouvoir à Lemit, sans savoir ce qu'il alloit faire ; et ils lui remirent leurs papiers, et sur-tout au moins l'acte du 27 frimaire an 14, qui dit que les 1200 liv. empruntées étoient payables par Amable seul, et qui réitéroit et confirmoit de plus fort le partage.

Procès civil de licitation imaginé par Lemit.

Que fit Lemit aussitôt, pour avoir une bonne petite affaire, quoique les deux frères fussent d'accord, qu'il ne fût possible de faire un procès qu'autant que l'oncle Amable auroit refusé de remettre les sept lopins de terre, et qu'alors Amable eût dû simplement être assigné sur les lieux, à petits frais devant le tribunal de Pontoise, pour les rendre et faire le petit compte. Lemit imagine, le 9 octobre 1809, de traiter les choses, comme si les deux frères étoient en dispute ; il les met en procès et en guerre ; il les fait battre, en commençant entre eux un bel et bon procès à Paris.

En conséquence, il assigne, au ro n du frère *Alexandre*, qu'il dit habitant du Grand-Montrouge, le frère *Philippe*, qu'il dit habitant à un domicile convenu, rue du Four, quoiqu'il soit résidant et marié du côté de Rouen ; il fait assigner l'un par l'autre, quand il est lui-même l'avoué de tous les deux, pour venir voir ordonner le partage de la succession de ean-Louis, père commun ; il met sous son nom le rôle d'*Alexandre*, assignant, et place le rôle de *Philippe*, assigné, sous le nom de l'avoué Tripier, en attendant que le jeu lui permette à lui-même d'occuper, sous son nom seul, pour les deux freres.

Voilà l'organisation fondamentale du procès ruineux dont Amable n'a cessé de se plaindre.

Jusques-là, cette tournure de Lemit, pour faire un procès à Paris entre les deux frères, ne touchoit pas Amable Duchesne ; mais c'étoit pour l'atteindre et le faire venir bientôt lui-même à Paris que cela se faisoit ; car le 16 du même mois, Lemit fait assigner Amable, à la réquête du même neveu Alexandre, pour venir à Paris assister dans l'instance de partage de la succession de Jean-Louis son frère, dans laquelle il n'avoit aucune portion à prendre ; et pour voir ordonner, est-il dit dans cet exploit, à tort et à travers, la vente par licitation de tous les biens possédés par Amable.

Lemit composa ces biens sans façon de la chaumière, de treize pièces de terre, et du jardin, qu'il désigna seulement clos de haies vives, sans dire qu'il y eût des bâtimens, parce qu'il n'y en avoit pas lors du partage qu'il avoit sous les yeux, et qu'il ne savoit pas que Amable en avoit fait depuis.

Dans cet exploit, Lemit suppose les biens non partagés, indivis et impartageables, tandis qu'il dit en même tems, dans ce même exploit, qu'il y a une créance de 1200 livres sur les biens qui regardent Amable seul, ce qu'il n'a pu dire que parce qu'il l'a vu dans le seul acte qui le porte, qui est celui du 27 frimaire, mais dans lequel il est dit en même tems que le partage existe, et que les frères le ratifient ; ce qui démontre, et il ne faut pas l'oublier, que dès ce premier exploit, Lemit a connu le partage, et qu'il

a supposé sciemment les biens non partagés et impartageables, pour faire une vente par licitation. Et c'est
là une supposition, un faux intellectuel commis par
Lemit pour faire une procédure et des frais. De-là est
venu tout le mal.

*Trouble porté par Lemit chez Amable Duchesne, et sup-
position que les biens étoient indivis.*

Ce fut donc alors, et par cette assignation du 16
octobre 1809, que Lemit porta le trouble dans la
chaumière où Amable Duchesne avoit été tranquille
pendant 70 ans, et ce fut, comme on voit, par une
combinaison perfide qu'il attira l'instance à Paris, et
tout-à-la-fois par un attentat à l'ordre des jurisdic-
dictions, et particulièrement à celle de Pontoise où
les biens étoient situés, et en ravissant ainsi au malheureux Amable ses juges naturels; en supposant
aussi que des biens séparés, partagés et distincts étoient
indivis et impartageables, car Duchesne avoit quatre
lopins de son lot, trois pièces par lui acquises, la
chaumière et le petit jardin sur lequel il avoit fait
des constructions. C'étoit là autant d'articles apparte-
tenant à lui seul, et Lemit les confondit avec les
sept lopins des neveux, pour faire tout vendre.

Je n'ai pas besoin de dire que depuis ce moment
le vieillard a été dans un enfer, puisqu'il fut forcé
d'abandonner ses petits travaux qui faisoient fructifier
ses lopins de terre et lui servoient à payer ses charges,
et à se substanter, pour courrir après ces même terres
et les bâtisses, et les arracher s'il l'eût pu de ce
gouffre où Lemit les plongea, et où il a su les faire
perdre.

Car malgré ses courses, loin d'avoir rattrapé ses terres, sans compter les iniquités qu'il éprouve encore pour les bâtimens, il n'a jamais pu se faire entendre, et il n'est arrivé qu'à la plus désespérante détresse, contre laquelle il n'a de soutien que sa religion, et dans ce moment il est dans son lit cloué par des vives douleurs.

Il écrit qu'il ne peut pas venir à Paris, qu'il lui lui faut d'ailleurs 3 livres par jour quand il y est pour sa nourriture et son gîte, qu'il n'a pas le sol; mais que celui qui a nourri cinq mille personnes avec cinq pains et cinq poissons, lui envoye dans sa chaumière, par des mains charitables, l'eau et le pain suffisans pour l'empêcher de succomber par inanition. Voilà son esprit, son langage, qui vaut bien celui de tout autre.

Remarquons déjà ici que quand il n'y auroit que cet odieux procédé d'avoir ainsi suscité un procès, que cette inconduite, source de tout le mal fait par Lemit dès le premier acte du procès, elle suffiroit pour faire déclarer, en exécution des lois répétées dans les art. 132 et 1031 du Code Napoléon, qu'il a fait une procédure inutile, frustratoire, que tous les frais doivent être pour son compte, qu'il doit être condamné aux dommages et intérêts prononcés en pareil cas contre les officiers ministériels, et aux peines portées par ces mêmes articles, et qu'il n'y a jamais en pareil cas de fin de non-recevoir, parce que c'est un dol et plus qu'un dol.

Amable trompé, quand il veut demander son renvoi à Pontoise.

Le vieillard, qui ne se doutoit pas qu'on pût lui faire un procès à Paris, se crut assigné à Pontoise sans savoir pourquoi ; il va à Pontoise chez un bon conseil qu'il connoissoit et qui lui dit qu'il falloit venir au plus vîte à Paris trouver l'avoué Duquenel, pour faire demander son renvoi à Pontoise, sans quoi il pouvoit s'attendre que la procédure usitée aux criées de Paris alloit tout dévorer.

Amable vient chez l'avoué Duquenel, raconte sa situation et dit que la plupart des biens lui appartiennent, et sont partagés et séparés de la petite portion de ses neveux sur laquelle il a même des reprises, qu'il n'y a pas de licitation à faire avec lui, et que d'ailleurs il faut demander le renvoi à Pontoise devant son juge naturel. Mais le vieillard ignoroit qu'il ne falloit pas s'attendre que le renvoi fût demandé. L'avoué Duquesnel jugea à propos de prendre vaguement des conclusions, comme le vieillard l'apprit par M. Perrot lorsqu'il lui porta le jugement dont il va être parlé, tendantes à ce que la demande en licitation du neveu fut déclarée non-recevable, et qu'il fût dit que tout appartenoit à Amable et qu'il y avoit prescription.

Jugement qui ordonne la vente.

Ce fut le 14 avril 1810 qu'il intervint un jugement, signifié le 24 mai, dans lequel on ne s'occupa même pas de l'exception de Duquesnel, et la vente par licitation fut ordonnée de tous les biens comme l'avoit demandé Lemit.

Appel mal signifié par l'huissier, et Lemit en abuse quoique ce soit nullité sans grief.

M. **Perrot**, conseil d'Amable, après avoir étudié la copie du jugement jusqu'à la veille de l'expiration du délai de l'appel, en fut outré et voulut qu'Amable fût appelant ; mais malheureusement l'huissier signifia l'appel au domicile élu au nom d'Alexandre chez Lemit, au lieu de le signifier au prétendu domicile d'Alexandre au Grand-Montrouge, comme on prétend qu'il le falloit à la rigueur, quoique les autorités ayent attesté qu'il n'y avoit passé que deux mois comme garçon bijoutier, et qu'il n'y étoit plus depuis long-tems.

Lemit se hâta d'abuser de cette nullité qui étoit sans grief dès que la copie lui avoit été exactement remise, et il fit de suite prendre un arrêt de défaut le 26 janvier 1811, qui déclara nulle la signification de l'appel C'est la répugnance à défendre Amable qui causa ce défaut.

Le vieillard et M. **Perrot** se donnèrent toute espèce de soins pour faire former opposition à ce défaut, et comme il n'étoit plus possible de demander le renvoi à Pontoise, dès que Duquenel ne l'avoit pas demandé et avoit défendu au fonds, on obtint enfin de l'avoué Gomot de demander, dans sa requête en opposition, que le partage des biens fait en 1773, et les actes qui le ratifient fussent exécutés, et que la demande en licitation, au nom du neveu, fût déclarée non-recevable.

Partage et autres actes rendus authentiques dans l'arrêt du 9 juillet 1811.

Cette demande, qui énonce des actes de partage et de ratification, existe dans la requête et dans l'arrêt qui suivit ; dès-lors ces actes, quoique privés, sont devenus notoires et authentiques et n'ont pas pu depuis être méconnus, sur-tout par Lemit qui a agi à suite de cette requête et arrêt, et qui n'a pu se dispenser de les lire. Lemit le savoit d'ailleurs par l'acte du 27 frimaire, d'après lequel il avoit dit dans l'exploit que la dette de 1200 liv. regardoit Amable seul.

Cette opposition ne fut pas plus heureuse que l'appel.

La question de forme élevée, parce que la signification de l'appel avoit été faite au domicile élu, quoiqu'elle soit odieuse, sur-tout dès que c'étoit Lemit qui la faisoit opposer, pour arriver à une vente, l'emporta ; et par arrêt du 9 juillet 1811, l'opposition fut déclarée non-recevable, sans qu'on ait daigné appeler en cause l'huissier qui a fait la faute, pour lui en faire supporter la peine, selon la loi. L'arrêt réserve à Duchesne de se pourvoir de nouveau, mais le délai étoit passé.

Cependant ni cet arrêt, ni le jugement ne détrui-soient pas sans doute le partage et la certitude que les biens n'étoient pas communs, car cela na été ni jugé ni mis en question ; et, malgré le jugement qui ordonnoit la vente par licitation et les deux arrêts qui déclaroient l'appel non-recevable , en ajoutant sauf à lui à se pourvoir de nouveau s'il y étoit à tems. Le partage existant , connu et devenu authentique , devoit arrêter la vente par licitation qui n'étoit demandée que sous prétexte que les biens n'étoient pas partagés , comme une quittance présentée par le débiteur doit arrêter l'exécution de la condamnation d'après laquelle on voudroit le faire payer une seconde fois. Et c'est là une nouvelle prévarication de Lemit, qui connoissant nécessairement le partage , a fait ce qu'il ne devoit pas faire.

Il n'y a pas à dire que Lemit a dû exécuter ce jugement et ces arrêts , et qu'il n'a pas connu le partage , après tant de plaintes d'Amable, de ce qu'on ne vouloit pas le servir, le défendre pour arrêter la témérité de Lemit , et tant d'occasions où nous voyons que Lemit a eu sous les yeux les écrits qui en attestent l'existence.

C'est aussi Lemit qui a fait poursuivre les arrêts sur l'appel, puisqu'il a dit qu'il en avoit fait les frais. C'est d'ailleurs lui qui a poursuivi le jugement dont étoit appel, et c'est sur-tout lui qui, comme on a vu , a commis aussi la prévarication, premier péché originel, qui a été de commencer une instance à Paris entre les deux frères pour y appeler l'oncle ; tout est l'ouvrage de Lemit seul.

Lemit auroit donc dû arrêter dès-lors la licitation , et ne pas exposer son client et s'exposer lui-même aux condamnations infaillibles contre ceux qui vendent le bien d'un propriétaire malgré lui, sur-tout lorsqu'il n'y a pas eu de jugement qui ait proposé et jugé , bien ou mal , quels sont les biens communs,

et lorsqu'à tout instant l'exhibition du partage fait
doit arrêter toute poursuite ; il ne peut pas y avoir
d'exhibition plus authentique que lorsqu'il est présenté et relate dans une requête et dans un arrêt. Mais
vaille que vaille, Lemit pressé, fait au plutôt les
affiches pour vendre les biens.

C'est bien encore alors qu'il fut forcé, pour rédiger l'affiche, de s'instruire de l'origine des biens,
de leur situation, des tenans et aboutissans ; il s'en
instruisit si bien qu'il désigna parfaitement les onze
lopins délaissés par le vieux tabellion ; il désigna de
plus les trois pièces de terre acquises par Amable,
avec les mêmes aboutissans que ceux de l'acte d'acquisition. Où a t il vu alors que ces trois pièces
eussent appartenu à la famille Duchesne ? Les neveux
de Duchesne, habitans de Paris, ne savoient pas
même où étoient les onze lopins délaissés par l'aïeul.
Ce n'est que Lemit qui s'en est occupé ; il découvrit,
décomposa si bien tout alors que, quoique jusqu'au
partage, le lopin qui formoit le jardin de la famille
n'eût été désigné par Lemit lui-même dans les ex-
ploits et le jugement, que comme *jardin clos de hayes
vives*, de la contenance de quelques perches, il ajouta
que sur ce jardin il y avoit des *bâtimens*, et alors
sans façon, et quoique le jugement n'eût pas ordonné
la vente de ces bâtimens, il les comprit dans l'affiche pour être vendus, il en forma le second lot,
composa le premier de la chaumière, et le troisième,
qui étoit seul précieux et productif, fut composé de
treize lopins ou pièces de terre, parce que le jardin
qui n'étoit lui-même qu'un lopin lors du partage,
ayant les bâtimens dont il fut couvert par Amable,

formoit laquatorzième pièce. Cela compléta le nombre total de quatorze pièces, dont onze lopins délaissés par le tabellion et les trois pièces acquises par Amable.

Lemit sut donc nécessairement l'origine de tout, puisqu'il le ramassa si bien pour l'englober dans l'affiche.

Vente par licitation aux criées.

Le 23 octobre 1811 tout fut prêt pour la vente définitive à l'audience des criées.

M. Perrot, qui conduisoit toujours Amable, voulut qu'il se préparât à aller à cette audience, pour s'y rendre adjudicataire de tout, sous toutes réserves de ses droits, dès que ses efforts et la contrariété qu'il avoit éprouvée dès le premier jour qu'il avoit été adressé à Duquenel, n'avoit pu arrêter la vente. M. Perrot ainsi que Me Gomot, avoient calculé qu'il falloit qu'Amable eût prêté une somme de six cents francs, pour payer sur l'instant les droits de greffe et d'enregistrement, parce qu'on pensoit que les enchères pourroient faire monter le tout de 8 à 9 mille francs. Ils ne se trompoient pas, puisqu'on verra qu'en effet le tout fut adjugé à quelque chose au-dessus de huit mille francs, sans monter à neuf.

Amable Duchesne arrive au palais le 21 octobre, avant l'audience des criées, où il devoit trouver Me Gomot, son avoué d'appel. Il l'y trouva en effet; il fut de suite question de charger un avoué de première instance d'enchérir. Me Gomot indique à Duchesne et lui fait voir dans l'audience Me Normand; Duchesne va le joindre aussitôt et lui propose d'enchérir pour lui. Me Normand, qui ne voyoit qu'un paysan, refusoit en disant qu'il ne le connoissoit pas, et qu'il ne savoit pas s'il étoit solvable. Duchesne lui répond qu'il est si bien solvable que tout ce qu'on vend est à lui, sauf quelques lopins de terre qui appartiennent à ses neveux, sur lesquels il a même des reprises, et qu'il vouloit aussi faire des réserves de tous ses droits de propriétaire et autres, en se rendant adjudicataire, s'il ne pouvoit empêcher la vente.

Normand s'informe si ce que Duchesne dit est vrai; il en parle, à ce qu'il a dit lui-même, à Lemit; il en parle aussi avec Me Gomot, qui donna à Normand connoissance des actes pour faire les réserves.

Normand reçoit en dépôt le pouvoir et l'argent de Duchesne, pour être adjudicataire de tout, et payer le greffe et l'enregistrement.

Normand à l'instant même demande un pouvoir pour se rendre adjudicataire *de tout*, en faisant des réserves; il demande aussi de l'argent, pour payer de suite les droits de greffe et d'enregistrement. Duchesne lui dit qu'on a calculé qu'il falloit six cents francs pour ces droits, parce qu'on ne supposoit pas que tout fût vendu au-delà de neuf mille francs, qu'il les avoit préparés, et qu'il alloit les lui compter et remettre, et signer le pouvoir qu'il jugeroit à propos.

Le pouvoir fut aussitôt dicté à un des écrivains qui se trouvent à côté du petit escalier qui est à la petite entrée du Palais, vis-à-vis la Cité. Duchesne ne se rappelle pas bien si ce fut Me Gomot ou Me Normand qui dicta ce pouvoir; mais il sait fort bien que ce pouvoir vouloit que tout fût acheté par Normand qui en convient, et même que ce pouvoir ne limitoit pas la somme jusqu'à laquelle Normand pouvoit enchérir. Du reste cela est indifférent aujourd'hui, parce que les biens ne furent pas portés à une somme telle que les six cents francs fussent insuffisans pour les droits de greffe et d'enregistrement. D'ailleurs s'il étoit nécessaire de connoître le pouvoir, pourquoi Normand, qui n'a jamais dû le détruire, s'obstine-t-il à ne pas le produire, quoiqu'on n'ait pas cessé de le lui demander.

Normand prit donc le pouvoir aussitôt qu'il fut signé, avec les six cents francs qui lui furent comptés sur la tablette du bareau, en trente napoléons, et dont il devint dépositaire pour l'exécution du pouvoir.

Normand se charge et s'engage donc d'être adjudicataire de tout, et aussitôt après l'adjudication de faire l'emploi des six cents francs, selon la destination qui leur est expressément donnée, et cela n'a jamais été contesté, pour les droits de greffe et d'enregistrement.

Aucun motif ne pouvoit autoriser Normand à manquer à la confiance qui lui étoit donnée et au devoir de son ministère.

Y manquer, c'étoit ravir au malheureux Duchesne l'espoir de conserver ses biens pour avoir le pain de sa vieillesse. Il étoit déjà assez malheureux que Lemit le forçât à se rendre acquéreur, quoiqu'il fût le vendeur, sans aucun motif pour vendre.

Normand laissa donc croire qu'il alloit tout acheter, puisque ce fut sur la foi qu'il feroit l'achat entier que le pouvoir et les trente napoléons lui furent confiés.

Normand n'achète que les bâtimens et prévarique.

Mais l'adjudication s'étant faite dans le même instant, Normand n'achète que les deux petits lots des
bâtimens ; la chaumière lui fut adjugée à 850 fr. , et
les bâtimens sur le jardin à 1950 francs, en tout
2800 fr. ; et il laisse échaper et adjuger à d'autres
les 13 pièces ou lopins de terre à 3950 fr., ce qui,
avec les frais, n'alloit qu'à environ 8000 fr. Cependant les six cents francs qu'il tenoit auroient été suffisans pour les droits de greffe et d'enregistrement ,
quand le tout seroit monté à 9000 fr. Voilà comment
Normand se joue de la confiance à lui donnée en lui
remettant le pouvoir et les six cents francs, et comment il donne la preuve la plus évidente qu'il a abusé
de la crédulité, de la confiance d'Amable Duchesne,
et ne lui a donné que des espérances chimériques pour
se faire remettre les six cents francs, et en profiter ,
au moins de la plus grande partie , en n'achetant pas
la plus grande partie des objets pour l'enregistrement
desquels l'argent étoit déposé en ses mains.

Ce n'est pas là seulement une attrape, une surprise
artificieuse , une tromperie commise par Normand ;
il faut trancher le mot , c'est une prévarication dans
toute la force du terme ; car la prévarication , selon
tous les vocabulaires , se commet précisément lorsqu'un officier manque en général à ses devoirs, et
plus encore lorsqu'il manque à un devoir particulier pour lequel on vient de lui signer un pouvoir et
lui confier l'argent nécessaire pour l'exécution. Car,
pourquoi, comme l'a fait Normand, recevoir l'argent

et une signature sur un pouvoir, s'il ne vouloit pas en
faire l'usage convenu, et qui ne pouvoit plus être fait
par un autre, parce qu'après avoir chargé un avoué
on ne peut pas en même-tems charger un second de
la même chose ?

Souvenons-nous bien de ce premier délit de Normand. En voici un autre plus leste.

*Normand empêche Duchesne de reprendre le reste de ses
napoléons, et prévarique encore.*

Normand, après l'adjudication, va au greffe, suivi
de Duchesne, et fait donner encore par Duchesne une
signature sur un registre. Normand met les 30 napoléons sur la table du greffe pour payer, mais Normand ne paye qu'environ 200 fr. ; ce qui a été dit
depuis explique que ce fut 209 fr.

Le vieillard demande pourquoi tout l'argent ne s'em-
ploie pas ; Normand répond qu'on ne paye que pour
les deux lots des bâtimens qui lui sont adjugés à 2800 fr. ;
et que les terres étant adjugées à d'autres moyennant
3950 fr., il n'y a pas à payer pour les terres, malgré
qu'il ait fait des réserves, parce que ces réserves ne
peuvent servir que pour intenter une action et se faire
indemniser par ceux qui ont fait faire la vente mal à
propos.

Le vieillard prend de l'humeur quand il voit que ses
terres passent ainsi à d'autres, et qu'il ne lui reste que
la perspective d'un procès pour en être indemnisé.

Il dit alors au greffier d'écrire au moins que c'est
avec son argent que Normand vient de payer les droits
pour les bâtimens. Le vieillard porta en même-tems sa

main sur le reste des napoléons qui étoient sur la table pour les reprendre ; il en avoit bien le droit , et cent fois raison , parce qu'ils ne pouvoient plus avoir leur destination , et qu'il en avoit besoin pour avoir du pain , dès qu'il étoit privé de ses terres qui lui en donnoïent ; mais Normand avoue qu'il s'opposa à ce que le vieillard reprît le reste des napoléons , et en effet Normand les enleva avec ses deux mains plus vîte que la main du vieillard.

Fût-il vrai d'abord que cette scène honteuse se borna à ce qui vient d'être dit , quand il n'y auroit que l'aveu de Normand , tel qu'il le fait , qu'il s'opposa à ce que le vieillard reprît le reste des 3o napoléons , jamais contravention à l'art. 4o8 du Code pénal n'a été plus formelle , puisqu'il demeure bien constant , par le seul aveu de Normand , qu'après avoir détourné le reste des napoléons de la destination pour laquelle ils lui avoient été confiés , qui étoit d'être adjudicataire , il devoit les représenter et les rendre. Après avoir fait le premier mal de ne pas en avoir rempli la destination , il ne devoit pas se les appliquer et les mettre dans sa bourse , en empêchant Duchesne , qui en étoit le propriétaire , de les reprendre , lorsque le motif pour lequel il les avoit confiés à Normand n'existoit plus. C'est donc là encore un second délit évident de la part de Normand , prévu par l'art. 4o8 du Code pénal , contre ceux qui détournent ce qui leur à été confié pour une destination qu'ils ont évité de remplir.

Le vieillard soutient qu'il y a eu même violence de la part de Normand.

Mais le vieillard soutient de plus qu'il y eut jeu de

mains violent sur la table et sur les napoléons ; que lorsqu'il n'y avoit porté lui-même qu'une main pour prendre tranquillement sa propriété , l'avoué Normand s'y jetta vivement avec ses deux mains ; le vieillard ajoute qu'il eut la maladresse de ne porter sa seconde main que vers le collet de Normand , et puis vers la poche où il enfonçoit les napoléons ; car s'il eût porté sa seconde main sur la table pendant que les napoléons y étoient , ses deux mains réunies , quoiqu'il soit moins fort que l'avoué , auroient pu lui en faire saisir quelqu'un , et Normand ne les auroit peut-être pas saisis tous ; car il est certain , comme on voit , que Normand les enleva tous.

Pendant ce jeu de mains , le vieillard rapporte qu'il disoit qu'il vouloit son argent, que Normand répondoit qu'il étoit honnête homme, qu'il feroit même un récépissé si Amable vouloit. Le vieillard lui répliquoit qu'il ne l'insultoit pas, qu'il ne lui disoit pas qu'il ne fût pas honnête homme; qu'il ne s'agissoit pas de cela, qu'il s'agissoit de son argent, qu'il le vouloit, qu'il n'avoit pas besoin de régisseur ni de compte, et que dès qu'il n'étoit pas adjudicataire des terres, les fonds par lui confiés pour payer le greffe et l'enregistrement, devoient lui être rendus ; mais le vieillard ne fut pas le plus fort. Normand emporta l'argent sans laisser même un récépissé, qui n'eût pas du reste changé sa faute , car, selon nos livres de droit , si l'officier qui prend sans récépissé ce qui ne lui est pas dû , commet ce qu'on appelle une *concussion* , il commet encore une *exaction*, qui l'expose aux mêmes peines, lorsqu'il donne son récépissé et qu'il garde ce qui lui avoit été confié pour une destination qui ne peut plus être remplie.

Bref, le vieillard, qui avoit déjà éprouvé de l'avoué Lemit des prévarications et des suppositions qui avoient précipité ses immeubles dans le gouffre des criées de Paris, vit consommer ensuite sa spoliation et sa ruine par le fait de Normand, auquel il confia son argent.

S'il avoit encore à midi, le 21 octobre, ses 30 napoléons, et s'il ne les confia à Normand que pour s'assurer ses terres, à deux heures il n'eut plus ni terres ni napoléons ; d'abord par l'abus de crédulité et de confiance et par la prévarication de Normand, qui, malgré son obligation, ne se rendit pas adjudicataire des terres, et puis encore par l'opposition, la violence de Normand qui l'empêcha de reprendre le reste des napoléons.

Voilà les faits jusques et inclus la vente par licitation.

IIᵉ PARTIE DES FAITS.

Mais l'infamie des procédés ne s'est pas arrêtée-là. Lemit a continué de montrer la plus insatiable cupidité, et Normand la plus coupable inertie, lorsqu'il auroit dû arrêter l'audace de Lemit.

Compte qu'il y avoit à faire à la suite de la vente.

Qu'on rappelle que l'adjudication a été faite le 23 octobre 1811, pour les deux lots des bâtimens à 2800 fr., et pour les terres à 3950 fr., et que de plus les frais étoient à la charge des acquéreurs, fixés en bloc, dit-on, à 1500 fr., payables entre les mains de l'avoué poursuivant, dont 1000 fr. par les acquéreurs des terres et 5oo fr. par l'acquéreur des bâtimens , comme partie du prix , etsans que les acquéreurs puissent demander la taxe des frais pour payer moins de 15oo fr. , la taxe étant réservée seulement aux vendeurs pour profiter de l'excédent.

Il faut bien retenir que les vendeurs ont le droit de demander la taxe , et alors quand le vendeur, ou l'un d'eux, devient et se trouve en même-tems acquéreur de tout ou partie, si l'avoué poursuivant lui demande la somme fixée provisoirement en bloc pour les frais de vente , aussitôt le vendeur qui , comme Duchesne, est aussi acquéreur, peut répondre à l'avoué : je ne dois , moi vendeur, vous payer que ce qui vous sera dû par la taxe ; faites taxer , parce qn'il seroit trop ridicule que je fusse forcé de vous donner un argent sur lequel il y a entre vous et moi compte à faire dans le même instant. Mon exception est aussi prompte que votre action , parce que les deux qualités de vendeur et d'acquéreur se confondent sur ma tête.

D'un autre côté , quand un monopole , une prévarication , une conduite comme celle de Lemit ont obligé un malheureux comme Duchesne à être par force vendeur , en supposant une licitation nécessaire , et par force acquéreur pour ne pas sortir de la maison qu'il habite depuis 72 ans ; quand ce malheureux n'a acheté que la moindre partie, et que d'autres acquéreurs de la plus grande partie ont déjà versé 1000 fr. dans les mains de ce même Lemit, avoué poursuivant, comme faisant partie du prix , ce malheureux peut sans doute dire à cet avoué : vous me devez compte et grand compte à moi particulièrement , qui étois propriétaire de plus des trois quarts des objets vendus ; et je ne dois pas même vous précompter comme vendeur, des frais pour la licitation qui a été faite sans mon consentement, et qui doivent être supportés en seul par les autres propriétaires vendeurs, au nom desquels vous avez agi ; et à coup sûr lorsque ce compte sera fait, il y aura un excédent que vous-même, avoué poursuivant, aurez à me rendre, parce que 1000 fr. doivent excéder les frais de vente de chétifs objets qui en principal ne sont vendus que 6750 fr.

Preuves de la suffisance du prix des terres pour tout payer.

De plus, il y a encore 3960 fr. de principal du prix des terres, sur lesquels ma portion est trop suffisante pour payer mes deux seules dettes, montant à 1440 fr. et quelques intérêts ; j'ai d'ailleurs de grandes reprises sur la portion de mes neveux, et qui font plus que l'absorber.

Je ne dois donc rien ni des frais ni du principal de l'adjudication de ma chaumière. Voilà un compte clair que Duchesne pouvoit opposer pour vivre sans nouvelle persécution, en attendant de pouvoir faire fixer ses reprises sur ses neveux, et ses indemnités contre ceux qui ont fait des procédures et commis de mauvais procédés pour le dépouiller de ses terres et de son argent.

Vexation nouvelle par une folle enchère.

Mais que fait au contraire la cupidité de Lemit, qui ne s'occupe d'aucun compte, et qui ne veut en-

core que faire à des frais et dévorer la chaumière par
une revente ? et comment se conduit Normand ?

Lemit, selon ce qu'il a dit et fait dire, se permet
de signifier le 9 novembre, c'est-à-dire, seize jours
après l'adjudication faite le 23 octobre, une sommation à Normand, dans laquelle il déclare que faute
par Duchesne d'avoir rempli les charges de l'adjudication, c'est-à-dire d'avoir payé les frais de licitation
relatifs aux bâtimens, et consigné le prix principal de
l'adjudication, il va poursuivre la folle enchère. Ensorte que Lemit veut que le misérable qu'il a saigné
avec Normand jusqu'au blanc, et qui n'a ni pain ni
obole, trouve encore de l'argent pour des frais plus
que payés par les autres acquéreurs, et pour déposer
le prix de sa maison qui ne doit rien à personne ; et
Normand ne répond rien, il fait le mort, quand il
n'avoit qu'à dire à Lemit : Duchesne est à-la-fois vendeur et acquéreur, il faut compter.

Remarquons même que Lemit fait cette sommation
le seizième jour, tandis que l'art. 715 du Code dit
que ce ne sera que faute de justifier qu'on a rempli
les clauses de l'adjudication dans les vingt jours après
l'adjudication qu'il pourra être question de folle enchère.

Affiches de folle enchère.

Nous ne savons pas quels ont été les actes qui furent
encore faits par Lemit à Normand, depuis celui du
9 novembre jusqu'à ce qu'il cessa d'être avoué, parce
que Normand n'a pas jugé à propos de les communiquer ; tout ce que peut dire Amable, c'est qu'à la

fin de décembre il vit une affiche pour la vente par folle enchère, sur trois publications, des bâtimens dont il étoit adjudicataire, et dont la première devoit avoir lieu le 8 janvier 1812.

Sommation du 9 mars pour continuer la folle enchère.

Il ne vit plus aucune affiche pour la folle enchère, il n'entendit plus parler de rien jusqu'au 9 mars 1812, qu'il reçut chez lui à Ermont la copie d'une sommation faite par Lemit, avec élection de domicile chez lui, à la requête d'Alexandre, neveu d'Amable, et qui répète que si, dans trois jours, il ne paye pas les frais de vente et le prix principal de l'adjudication, la poursuite de folle enchère sera continuée, et cela, est-il dit dans cette sommation, en vertu d'un jugement *contradictoire* du 8 janvier 1812, qui *l'a ordonné.*

Mais cela est si faux que le jugement du 8 janvier, comme je m'en suis assuré, ne fait autre chose que donner *défaut* contre Amable Duchesne, et acte de la lecture de l'enchère. N'oublions pas que cette sommation du 9 mars, faite par Lemit, ne dit pas qu'il y ait eu d'autre publication ni aucun jugement depuis le 8 janvier, ni que Normand, ni Bouland, son successeur, aient rien versé dans les mains de Lemit, ni qu'il ait été rendu aucun jugement le 5 février, ni à toute autre date.

Cette sommation ne parle que du jugement du 8 janvier, et dit faussement qu'il est contradictoire et qu'il ordonne la continuation de la folle enchère.

Allégation d'un prétendu jugement du 5 février, dont il sera parlé plus bas.

Cependant aujourd'hui, comme nous le verrons en son lieu, Lemit et Normand, honteux eux-mêmes qu'il ait été question de folle enchère, invoquent un jugement du 5 février, depuis lequel, disent-ils, toute poursuite pour exécuter la folle enchère a été paralysée, parce qu'alors Bouland, successeur de Normand, avoit versé 391 fr., restant des napoléons, dans les mains de Lemit.

L'humanité de Lemit, ajoutent-ils, s'en contenta, et a laissé depuis tranquille le vieillard ; c'est un rêve de dire qu'on lui ait de nouveau demandé ni frais, ni principal, ni fait aucun acte pour le dépouiller par folle enchère. Quelle audacieuse assertion !

Car déjà on peut apprécier la prétendue humanité de Lemit, lorsqu'il dit qu'il n'a plus parlé de folle enchère depuis le prétendu jugement de février, quand on voit cette sommation du 9 mars qui demande encore à Duchesne et les frais et le principal de l'adjudication, et déclare qu'il va poursuivre la folle enchère.

Ce que Lemit a dit dans cette sommation du 9 mars est donc faux, dès qu'il y demande les frais et le principal, ou bien il y a faux dans ce que Lemit dit aujourd'hui, quand il prétend qu'il y a eu un jugement le 5 février, lors duquel il fut parlé du versement de 391 fr., et qu'il s'en contenta, et que depuis il n'a plus parlé de folle enchère.

Nous laissons à penser, sans vouloir nous expliquer,

si ce jugement est ou n'est pas une mystification pour faire croire que Normand n'a pas été retentionnaire des 391 fr. plus long-tems que jusqu'au 5 février.

Quoi qu'il en soit, jamais Lemit ne se tirera de cet argument, qu'il y a faux intellectuel de sa part, ou dans la sommation du 9 mars, ou dans son prétendu jugement du 5 février ; je dis son prétendu jugement, parce qu'avant de finir, ce jugement, sur lequel je reviendrai, suffiroit pour lui infliger à lui-même des peines bien plus fortes que celles qu'il veut causer aux autres.

D'ailleurs, que Normand ait été retentionnaire ou trois ans ou trois mois, cela ne feroit pas que Normand fût plus ou moins coupable, qu'il n'ait abusé d'abord de la crédulité de Duchesne pour se faire remettre l'argent en lui faisant espérer qu'il se rendroit adjudicataire de tout, et qu'il n'ait employé la mauvaise foi et la force pour retenir la plus grande partie de l'argent, quand il évita exprès de l'employer à sa destination ; car pour caractériser le délit qui se commet en prenant la chose d'autrui malgré lui, il n'est pas nécessaire qu'il y ait eu intention de se l'approprier, il suffit d'avoir retenu la chose pour en faire usage ou en rester en possession malgré le propriétaire.

Que Normand ait gardé ou retenu plus ou moins long-tems la chose, le délit est le même, parce que Normand devoit représenter et rendre, selon la loi, et par conséquent laisser reprendre l'argent aussitôt que la destination n'étoit plus possible, sans compter que Bouland n'avoit pas plus que Normand reçu ordre de Duchesne de rien verser dans les mains de Lemit, auquel Duchesne étoit bien loin de rien devoir, et moins encore de vouloir rien payer, sur-tout d'après ses conseils, qui lui disoient toujours de ne rien faire qui acquiesçât directement ni indirectement aux mauvaises actions de Lemit qui le ruinoit.

Du reste, ce qui doit rendre moins étonnante la conduite de Normand, quand il a tenté de s'approprier le reste des napoléons, c'est qu'il est assez d'usage qu'on ne se contente pas, quand on a été chargé d'enchérir aux criées, quoique ce ne soit que l'affaire de quelques minutes, de 15 fr. que le tarif accorde pour cette vacation.

Série d'actes qui justifient que Lemit n'abandonna pas la surenchère lors du prétendu jugement du 5 février.

Il s'en faut bien que la sommation du 9 mars, soit seule pour confondre la prétendue humanité de Lemit, quand il prétend que depuis le 5 février il n'a rien fait tendant à la continuation de la folle enchère.

Quoiqu'il eût déjà pris, le 6 décembre 1811, un certificat au greffe pour justifier que Duchesne n'avoit pas rempli les charges de l'adjudication, qu'il ne pouvoit, ni ne vouloit, ni ne devoit remplir, et que la loi, par l'art. 738, n'exige qu'un seul certificat, Lemit, le 18 mars 1812, s'en fit délivrer au greffe un nouveau ; ce qui est encore une preuve qu'après le 5 février il continua les poursuites, et qu'il auroit alors commis un autre faux intellectuel, ou qu'il le commet aujourd'hui, quand, par contradiction avec ce certificat, il dit que depuis le 5 février il n'a plus entendu poursuivre la folle enchère ni rien demander à Duchesne pour les frais et le principal de son adjudication.

Il a commis un autre faux intellectuel pareil, quand il a fait encore, le 26 juin 1812, une sommation à Duchesne, dans laquelle il a demandé qu'il justifiât du paiement des 2800 fr. de son adjudication, et qu'à défaut de ce paiement et des frais même de folle enchère, les poursuites de folle enchère seroient continuées.

Le 30 juillet 1812, Lemit introduisit encore une instance pour faire ordonner que la distribution du prix des terres seroit faite devant notaire, et dans cette instance encore il a demandé, notamment par deux requêtes des 23 janvier et 3 février 1813, la continuation des poursuites de folle enchère ; il y eut alors cinq avoués en cause, entre lesquels il fut rendu un jugement, le 13 mars 1813, dans lequel une disposition définitive porte que la distribution du prix des terres sera faite devant notaire, et une disposition préparatoire qui, faute par Duchesne d'avoir rempli les charges de l'adjudication et payé le prix, ordonne que les poursuites de folle enchère seront continuées.

Les qualités de l'expédition de ce jugement, qui racontent les faits, portent que Duchesne n'a pas payé les frais de vente dus à Lemit, ni même payé les frais de la folle enchère commencée contre lui.

En sorte que Lemit demanda encore alors, en mars 1813, trois choses, les frais de vente, le prix de l'adjudication et les frais de folle enchère commencée, et fit ordonner qu'à défaut de paiement les poursuites de folle enchère seroient continuées, et Duchesne fut condamné aux dépens envers toutes les parties.

Ce jugement fut signifié le 24 avril 1813. Il est donc vrai que Lemit a continué sans cesse de faire des actes pour poursuivre la folle enchère , et qu'il trompe quand il dit aujourd'hui que depuis le prétendu jugement du 5 février 1812 , aucun acte pour folle enchère n'a eu lieu.

Le contraire est si vrai , que l'instance de folle enchère subsiste de deux manières ; d'abord parce qu'elle n'a été que suspendue lors du jugement du 8 janvier 1812 , pris par défaut contre Amable , qui donne acte de la lecture de l'enchère.

. Ensuite par cette foule d'actes et de requêtes , suivis du jugement du 13 mars 1313 , dans lequel se trouve la disposition préparatoire qui ordonne la continuation des poursuites de la folle enchère.

Nécessité d'éteindre l'instance de folle enchère,

Cette instance de folle enchère subsiste si bien et tient Amable dans un état tel qu'il ne pourroit pas vendre ; ses bâtimens ne sont pas libres sur sa tête. Il est indispensable. qu'à suite de ce dernier jugement de mars 1813 , Duchesne fasse déclarer , par ce même tribunal , qu'au lieu de continuer les poursuites de folle enchère il sera défendu de la poursuivre , comme un prétendu débiteur fait défendre l'exécution d'un jugement quand il a la quittance ; et qu'il fasse prononcer aussi qu'elle est encore plus inutile et frustratoire , que l'instance de licitation dont elle est la suite ; et qu'il faut en exécution des art. 132 et 1031 , condamner tous ceux qui ont trempé dans cette procédure , et contribué à la ruine d'Amable , à lui payer tous dommages et intérêts.

Duchesne ne peut pas laisser pendante cette instance et cette disposition préparatoire qui ordonne la continuation de la folle enchère ; on est toujours à tems à éteindre une persécution si tortionnaire , quand il est prouvé que la poursuite avoit lieu sans objet, et uniquement pour faire des frais au profit de l'avoué poursuivant qui pourra d'autant moins empêcher que cette punition contre lui soit ainsi prononcée, qu'il avoue aujourd'hui la honte d'une pareille folle enchère, puisqu'il la nie et soutient que, depuis le 5 février, il n'a fait aucun acte pour continuer les poursuites de la folle enchère , malgré les actes infinis qui viennent d'être cités et qui sont tous authentiques ; il est forcé de convenir lui-même dans son ame que cette poursuite étoit injuste , et il ne la poursuivoit que par l'espoir de la consommer dans l'ombre et sans contradiction ; et que Duchesne ne trouveroit personne qui osât démasquer sa conduite , et qu'il atteindroit son but de faire des frais et de s'en payer sur le prix de la revente, sans s'inquiéter qu'après avoir enlevé les terres qui fournissoient à Duchesne son pain , il alloit lui enlever son asile , et le faire jeter à la rue.

Consultation prise par Duchesne contre la vente par licitation.

Il faut dire maintenant ce que faisoit Amable Duchesne depuis l'adjudication du 23 octobre , ou à mieux dire ce que lui faisoient faire ses conseils.

Il fut concerté qu'on feroit faire pour Amable une consultation. Ce fut le maire d'Ermont sur-tout, qui connoissoit un estimable avocat ancien , appelé M. Hemery , qui excita Amable à s'adresser à lui.

Le 11 mars , cet avocat remit à Amable une consultation principalement sur la question , savoir si on avoit pu impunément vendre sa chaumière , ses terres provenans du partage , ses bâtimens faits à ses dépens , et ses trois pièces de terre acquises en son particulier ; et si on avoit pu impunément aussi alléguer que tout cela étoit commun et indivis avec les sept lopins des deux neveux.

Mª. Hemery décida , comme tous les jurisconsultes impartiaux l'auroient fait , qu'Amable Duchesne est fondé , non pas à reprendre ses terres en nature que des tiers ont acquises sous la bonne foi d'une procédure , mais à se faire indemniser de la vente poursuivie mal-à-propos par forme de licitation ; qu'il y est fondé parce que les biens vendus n'étoient pas communs ; qu'il y est fondé parce que le jugement qui ordonne la vente par licitation n'a jugé , ni agité la question que les biens étoient communs , et parce que les arrêts qui déclarèrent l'appel non recevable dans la forme , n'ont pas proscrit le partage ni les actes de propriété particulière , et parce qu'enfin , dans l'adjudication même , Amable fit faire toutes réserves de ses droits particuliers.

Mais il ne suffit pas d'avoir des titres , d'avoir de bonnes consultations ; il faut trouver des ouvriers qui veuillent les mettre en œuvre. Amable , ruiné , fut obligé de payer cette consultation.

Lemit pour forcer Amable à acquiescer , l'avoit assigné par l'exploit du 3o juillet 1812 , dont j'ai

parlé. Amable , mécontent de Duquenel et de Normand , et chez lesquels ses conseils lui avoient dit
de ne pas revenir , fut excité à remettre la copie
de cette assignation à M⁰. Pillaut Debit , avoué,
qui se constitua pour le défendre.

*Nouvel avoué constitué par Duchesne , qui ne veut pas
se conformer à la consultation et refuse de défendre
Duchesne.*

Il fut question de deux ou trois rendez-vous chez
Pillaut Debit , où le maire d'Ermont eut la bonté
d'accompagner quelquefois Amable ; Lemit s'y trouva
sur tout au dernier.

M. Perrot étoit alors malade et mourut quelque
tems après.

Le vieillard invoquoit sans cesse ses actes de partage, les ratifications , ses actes d'achat de trois pièces
de terre et sa consultation ; son refrein étoit , avec
autant de sang-froid que de raison , qu'il n'y avoit
qu'à exécuter la consultation.

Lemit au contraire ne vouloit entendre autre chose
que d'approuver tout ce qu'il avoit fait , et d'aller
chez le notaire prendre l'argent des terres, et il vouloit donner pour toute part à Amable , en usufruit
seulement , les chétifs bâtimens et en assurer la propriété aux neveux , comme si un malheureux de 74
ans , à qui on ne laisse ni un pouce de terre ni
une obole , peut vivre entre quatre murailles dont
il n'a que l'usufruit.

C'étoit là encore selon Lemit un acte d'humanité
en faveur de Duchesne , quand il ne vouloit lui

donner que le simple usufruit d'une chaumière en échange de sept à huit mille francs de biens qu'il avoit englouti à son préjudice et vendu aux criées, pour satisfaire son avidité.

Il étoit sans doute impossible qu'une telle proposition fût acceptée. L'avoué Pillaut Debit, chez lequel elle fut faite, trembloit à la seule idée qu'on ne pouvoit défendre Amable Duchesne qu'en critiquant la procédure et les procédés de Lemit, et il n'écoutoit pas Amable, quand il lui disoit qu'il n'y avoit qu'à se défendre selon la consultation ; le refus de Pillaut Debit faisoit dire à Amable, car Pillaut n'a pu s'empêcher de le répéter lui-même aux débats, *qu'il voyoit bien que personne ne vouloit le défendre.*

Il a été encore convenu aux débats que, dans ces entrevues chez Pillaut Debit, on avoit sous les yeux tous les titres d'Amable et la la consultation. Lemit alors eut encore là l'occasion de revoir le partage, les actes d'acquisition d'Amable ; il auroit dû frémir à l'aspect des preuves de la supposition qu'il avoit faite quand il avoit présentés les biens comme impartageables et communs avec les neveux, et quand il avoit commis la prévarication de mettre les neveux en procès entre eux à Paris, pour y amener l'oncle et ses biens et les manger.

La dernière entrevue chez Pillaut Debit se termina par des gros mots, car le vieillard soutient que Lemit, qui ne voyoit toujours que sa bourse à remplir, ne savoit que répéter qu'il falloit aller chez le notaire partager l'argent des terres, tandis qu'Amable disoit toujours qu'il ne vouloit rien approuver de ce

que Lemit avoit fait, et que son existence dépen-
doit de l'exécution de la consultation.

Lemit prit de l'humeur et annonça à Duchesne que
s'il ne faisoit pas ce qu'il lui disoit, il achèveroit
de lui faire tout manger ; le vieillard prétend qu'à la
fin il lui répondit, et moi je vous ferai afficher, et
qu'après ces mots l'on se sépara.

Mais Lemit, quoiqu'il soit convenu qu'il vit encore alors tous les titres, au lieu d'écouter ses ré-
mords et de discontinuer ses vexations, s'occupa
avec la plus grande activité de son instance intro-
duite par l'exploit d'Hardelle, le 30 juillet 1812 ;
alors Lemit étoit avoué d'Hardelle, contre les deux
neveux, pour lesquels il faisoit défendre sous le
nom de l'avoué Tripier, en attendant qu'il pût les
reprendre sous son nom, car, au fond, Lemit étoit
tout à tous, et tous étoient à lui contre Amable.

Amable fut forcé de retirer ses pièces de chez
Pillaut Debit, qui prétendit avoir déjà posé des qualités sur l'audience, ce qui veut dire qu'il avoit pris
des conclusions ; mais le jugement qui fut rendu, le
13 mars 1813, ne dit pas en quoi consistoient
ces conclusions, et c'est par un motif facile à deviner, parce que Pillaut Debit ne vouloit pas prendre des conclusions conformes à la consultation, et
il n'osoit pas non plus en prendre de contraires. Il
ne fut pas possible à Amable d'avoir un autre
avoué qui osât le défendre avant le jugement du
13 mars.

Il paroît que le 30 mai 1813, à suite de ce jugement de mars, signifié le 24 avril, Lemit, qui
avoit reçu déjà des acquéreurs des terres dans les

trois jours de l'adjudication du 23 octobre 1811,
mille francs, faisant partie du prix, et par provi-
sion, sous prétexte de frais, fit distribuer environ
4300 fr. pour le prix principal des 3960 fr. du prix
des terres ou pour quelques intérêts, et Lemit fit
faire quittance par les deux créanciers Hardelle et
veuve Perrot, des 1440 fr. des deux créances et des
intérêts et frais; les fondés de pouvoir des deux
neveux firent quittance du reste.

*Aperçu sur les frais dont Lemit a sans cesse refusé de
donner l'état.*

Il faut répondre ici au reproche qu'on nous fait
d'avoir dit mal à propos que déjà lorsque le jugement a été rendu en mars 1813, entre cinq avoués,
il y avoit à coup sûr cinq mille francs de frais, et
qu'avant de finir il y en auroit dix mille.

Lemit prétend qu'il n'en a pas été fait un cinquième, c'est-à-dire qu'il n'y en a pas pour mille
francs et qu'il n'a eu que 2 ou 300 fr. pour lui,
mais voici un calcul bien simple :

1°. Lemit a prétendu qu'il y avoit 1500 fr. pour
lui pour les frais de vente, et dont il est plus que
payé. Plus, <u>287</u> fr. pour les frais d'appel dont il
dit avoir fait l'avance. Plus, 391 fr. qu'il a dû
prendre lui-même des frais au nom d'Hardelle, pour
lequel il avoit occupé; plus, les frais de folle enchère depuis le 9 novembre 1811 jusqu'en mai 1813,
qui sont bien au moins un objet de 600 fr., qu'il
a dû prendre sur ce dont il a fait faire quittance
aux neveux; plus, il auroit reçu, s'il faut l'en

croire, 391 fr. restés à Normand. Ces cinq ou six articles font plus de trois mille francs qui sont passés à peu près dans les mains de Lemit.

Ensuite les acquéreurs des terres servis par Duquénel, ont bien dépensé pour les droits d'expédition, notifications, frais d'enchère à Duquénel, environ 1000. fr. ; et ils ont retenu par leurs mains 111 fr. pour frais qui ont ce privilège.

Amable, malgré sa misère, a bien payé ou doit payer pour frais à des huissiers, des avocats, à divers avoués ou pour enregistrement et greffe, plus de 1000 fr.

Ce qui a été fait par d'autres avoués pour M. Perrot ou pour les neveux, quand Lemit ne les a pas défendus lui — même, est peut — être encore un objet de plus de cinq cents francs, ce qui fait un total de plus de six mille francs. Si cela n'étoit pas vrai, pourquoi Lemit refuseroit — il de donner ses états de frais que Duchesne n'a cessé de lui demander, même par des sommations ?

On a donc eu raison de dire qu'il y avoit plus de cinq mille francs de frais, et qu'avant la fin, si la revente par folle enchère étoit consommée, il y en auroit dix mille.

Ajoutez que le vieillard a dépensé lui-même sans cesse au moins trois livres, chaque jour l'un dans l'autre, depuis cinq ans que le trouble a commencé par Lemit, sans compter qu'il a perdu le peu de travail qu'il faisoit quand il avoit ses terres, et qu'il étoit en paix ; alors vous penserez aisément que dans les cinq ans, en épuisant diverses ressources, vendant ses outils, ses futailles, une partie de ses meu-

bles; importunant ses amis, ses connoissances; recevant de ses bienfaiteurs et de ceux qui lui prê-
tent, il lui en coûte pour faux frais au moins six
mille francs, et ce qui est pis , les plus grandes
souffrances physiques et morales.

III°. PARTIE DES FAITS.

Epoque à laquelle J. B. Selves commença à faire quelque
chose pour Duchesne.

Tel étoit l'état de Duchesne et de son procès
civil, lorsqu'au commencement de juin , après lui
avoir réfusé mes secours pendant six mois ; il vint à
moi, avec la lettre de recommandation du maire ,
la saisie des meubles, le tas de paperasses qui le
dévoroient , et sur — tout la copie du jugement de
mars 1813 , dans lequel l'atrocité de Lemit va jusqu'à vouloir qu'il consignât le prix de ses bâtimens
qui ne devoient rien à personne. J'eus donc la sensibilité , je ne dirai pas malheureuse , malgré le tour-
ment qu'elle me cause, de l'écouter, de lire ses
papiers, et je voulus avant tout; être au courant
de la vérité de tous les faits que je viens de dé-
tailler, sur l'inconduite et les mauvais procédés de
Lemit et Normand , et j'assure , comme ce qui
va suivre le prouve , qu'ils n'excitèrent que ma
pitié.

Si j'avois eu l'intention de faire porter par Duchesne, contre ces deux avoués des coups vigoureux
et éclatans, je pouvois rédiger de suite une plainte ,
même au grand criminel , et caractériser des faits

qui sont punis par les art. 132 et 1031 du Code
de procédure, et par les art. 405 et 408 du Code
pénal et même par l'art. 174 de ce dernier code,
parce que la conduite de l'un et de l'autre va jusqu'à la concussion ; car il y a concussion toutes les
fois que ceux qui ont des droits à percevoir, se permettent des manœuvres pour exiger plus que ce que
les lois permettent, il suffit même qu'ils l'aient tenté
pour que le crime soit punissable.

Mais on va voir qu'il s'en faut bien que la marche
que j'ai tenue d'abord, ait été celle des hostilités,
et qu'il n'a pas dépendu de moi que toutes ces iniquités qui ont détruit Duchesne n'aient été réparées
secrètement, et plongées dans le plus profond oubli.

Prévenances et visites de Duchesne chez Normand.

Jetant un voile sur cet amas d'horreurs, j'eus la
bonté, et j'en espérois un succès suffisant, d'en-
voyer Duchesne chez Normand, avec une note écrite
et un peu pathétique, afin de le toucher et l'engager
à se réunir avec Lemit pour reconnoître l'indignité
de la licitation et de la folle enchère, et commencer
lui-même par rendre à Duchesne le reste des napoléons, pour payer ses contributions et se substanter,
en attendant les réparations qui lui étoient dues pour
la vente téméraire de ses biens.

Mais Normand, avec dureté et mépris, repousse
Duchesne comme il l'avoit fait toutes les fois qu'il
s'étoit présenté chez lui, depuis qu'il l'avoit empêché au greffe de reprendre le reste de son argent.

Il se borna à lui dire, qu'au lieu d'avoir à rien rendre il y avoit au contraire des frais à payer, et que cela ne le regardoit plus, qu'il n'étoit plus avoué.

Cette réponse, que le vieillard vint me communiquer, loin de me décider à des hostilités, m'excita encore plus de tenter de finir sans bruit. Je le fis revenir chez Normand, avec une autre note pour lui représenter de faire attention, qu'ayant pris lui-même les 30 napoléons, il en devoit un compte quel qu'il fût, et que c'étoit à lui aussi à instruire Duchesne des frais de l'adjudication et des suites que Lemit lui avoit données, et qu'il auroit dû surtout faire liquider les frais.

Normand n'en fut que plus cruel; il prit de l'humeur, il répondit seulement à Duchesne qu'on étoit à tems à faire liquider les frais, mais que ce n'étoit plus son affaire, qu'il l'ennuyoit et qu'il n'avoit qu'à passer la porte.

Le malheureux se retira, et vint me revoir en me disant qu'il ne reviendroit plus à aucun prix chez Normand.

Oui ! Normand, qui n'a pas pu contester ces deux visites, et le ton suppliant de Duchesne, *a mis ce vieillard à la porte*; Normand lui-même l'a dit aux débats, quand ce vieillard courbé sous toute espèce de maux, ne faisoit que lui demander compte de 30 napoléons qu'il lui a confiés ? Quelle injustice ! quelle barbarie !

Normand méritoit-il ces prévenances, ces honnêtetés, que j'ai forcé Duchesne à remplir, avant de lui conseiller le moindre acte hostile.

Invitation au maire d'Ermond pour concilier Duchesne avec Normand.

Je fis plus, je voulus tenter un autre moyen de faire entendre raison à Normand. J'écrivis au maire d'Ermont pour l'engager, lorsqu'il viendroit à Paris, de voir Normand, ou d'inviter le percepteur qui avoit fait la saisie, de venir chez cet avoué pour le décider à compter avec Amable, et à rendre le reste des napoléons dont la destination n'avoit pas été remplie et dont cet avoué étoit comptable. Le maire d'Ermond est convenu aux débats de cette invitation, en ajoutant qu'il n'avoit pas jugé à propos, ni le percepteur, de se charger d'une pareille commission ; j'avoué qu'il auroit fallu un courage, que tous les hommes n'out pas.

Je fis plus encore, pénétré de l'état où les meneurs des avoués, par leur connivence, tiennent notre législation quand il s'agit de leurs intérêts, et connoissant leur témérité lorsqu'on veut les forcer à compter, et à réparer leurs excès, et l'impossibilité d'avoir, quoique la loi l'exige, des signatures de quelques-uns d'entre eux pour en accuser d'autres, je ne voulois pas que le malheureux Duchesne allât attaquer des avoués, et se mît en procès avec eux.

Invitation au vieillard de tout abandonner et d'aller finir sa vie à la campagne de J. B. Selves.

Je lui ai conseillé de laisser faire la vente de ses

meubles et la revente de sa chaumière, par folle enchère , d'abandonner tout à la cupidité de ses sangsues, de quitter Ermond, et d'aller s'enfoncer dans ma campagne, y travailler à mon jardin quand il le pourroit, et d'y attendre en paix la fin d'une vie aussi respectable que douloureuse.

Le vieillard alla voir, et une foule de témoins le diroient, cet asile offert avec autant de secret que de générosité, et dont j'aurois été dispensé de parler s'il l'eût accepté ; il ne le refusa , qu'après avoir récompensé mon cœur par sa sensibilité et par ses pleurs, et parce qu'il ne se sentit pas la force de se détacher de ses habitudes à Ermond où il a passé ses 72 ans, sans jamais en sortir, et parce qu'il ne peut pas surmonter son désir d'achever ses jours dans son berceau. Il me supplia de ne m'occuper de lui que pour faire réparer l'infâme spoliation dont il étoit victime.

Voilà comment j'ai commencé ma charité pour Duchesne ! que dis-je pour Duchesne ? c'est bien aussi pour Lemit et Normand que j'ai été charitable, en voulant leur éviter l'éclat si honteux de leurs mauvaises actions !

Qu'on ne craigne pas que ce que je viens de dire de mes actions, qu'on me force à regret de mettre au jour, puisse éprouver la moindre contradiction ; car malgré que tout cela se soit fait, autant que possible, dans le secret, il y auroit assez de témoins pour l'attester ; et de plus , lorsque je l'ai rapporté sur l'audience et que plusieurs bouches m'ont fait pendant plusieurs heures les plus pitoyables réponses aux faits authentiques que j'ai cités, ces prévenances

ces visites de Duchesne , mes offres loin d'être con-
testées ont été avouées. Si quelqu'un jamais se per-
mettoit d'élever à cet égard le moindre doute , sans
l'appeler ni monstre ni brigand , je dis d'avance que
ce ne pourroit être qu'un homme qui n'auroit jamais
senti la douceur de soulager son semblable , qui
auroit un cœur assez mauvais , non–seulement pour
ne pas en faire autant , mais encore pour décourager
ceux qui voudroient m'imiter.

Il est donc vrai qu'en cédant après six mois aux
importunités de Duchesne , j'ai voulu secourir le malheur et la vieillesse , et ceux qui ont cherché avant
ces explications à empoisonner mon action , ne peuvent
qu'en avoir de vifs regrets.

Que pouvois–je faire pour servir encore Duchesne ,
dès que tous les moyens de prévenance contre ses ad-
versaires , et l'offre que je faisois personnellement au
vieillard n'avoient produit aucun effet ?

Je conçus encore un plan pour tâcher de lui faire
rendre justice sans procès.

Première dénonciation à M. le Procureur Impérial.

Je fis un quatrième ou cinquième écrit bien court ,
adressé à M. le Procureur impérial , contenant le précis
de la conduite de Lemit et Normand , et dont la con-
clusion étoit une supplication de faire cesser le mal pour
l'avenir , et de le réparer pour le passé , en faisant
frapper les deux avoués par la discipline ou par un
réquisitoire que M. le Procureur impérial pouvoit faire
dans l'instance de folle enchère qui est encore pendante , puisqu'outre les publications commencées en

janvier 1812 et suspendues, qui forment une litispendance, il y a de plus la disposition préparatoire du jugement du 13 mars 1813, qui ordonne que les poursuites de folle enchère seront continuées; et c'est dans cette double instance, qui fut toujours inutile, frustratoire et sans objet depuis son origine; que le vengeur des lois peut et doit, dans des cas pareils, faire cesser le mal et requérir l'application des peines portées contre les avoués par les art. 132 et 1031 du Code de procédure civile.

Il est si certain qu'Amable remit, au commencement de juillet dernier, cette dénonciation et plainte, écrite de ma main, au ministère public, que M. le Procureur impérial, qui connoît mon écriture, demanda à Duchesne comment il me connoissoit; Duchesne le lui expliqua, et se retira en espérant que ce fonctionnaire songeroit à mettre fin à ses souffrances. Rien ne lui étoit plus facile; nous ne savons pas pourquoi il ne s'en est pas encore occupé, malgré que Duchesne soit allé plusieurs fois l'en solliciter; il auroit dû pourtant le faire.

C'est alors que les douleurs extrêmes de Duchesne, et ses nouvelles importunités, exigèrent, ou que je lui refusasse définitivement de l'entendre, ou que je lui indiquasse le moyen de jouir comme tous les hommes, du bénéfice des lois de son pays.

J'ai toujours été convaincu, et je l'ai entendu répéter, il n'y a pas long-tems, par un magistrat de la Cour suprême, « que ce seroit un état social bien » déplorable que celui où la plainte seroit défendue à » l'opprimé, que celui où l'on feroit un crime à cet

» opprimé d'avoir dénoncé publiquement le refus qu'on
» auroit fait d'écouter sa plainte. »

C'est pourtant le seul crime qu'on fait aujourd'hui à
Duchesne et à celui qui lui donne secours.

*Supplication contenant dénonciation adressée à tous les
magistrats, et remise encore à M. le Procureur impérial
et à M. le Président civil, pour demander justice.*

Je crus, d'après ces expressions salutaires, et je le
croirai toujours, parce qu'autrement il n'y auroit ni loi,
ni ordre social, que je pouvois rédiger au nom de Duchesne, une seconde supplication et l'adresser à tous les magistrats et aux amis de la vieillesse et de l'humanité, et d'y
raconter succinctement, dans les trois premières pages,
sur quatre seulement dont elle est composée, la nais-
sance, la vie et les travaux du vieillard, la procédure
de licitation qui est venue le troubler et le dépouiller,
la cause pour laquelle ses trente napoléons lui ont été
attrapés, la nécessité de faire des procès, s'il veut être
indemnisé des enlèvemens, et l'impossibilité d'y fournir, puisqu'il n'a pas même pu faire cesser la saisie
de ses meubles, en payant les contributions des biens
qu'il n'a plus, parce qu'il les laissa arrérager, afin
de garder tous ses napoléons, pour pouvoir payer ce
qu'il y avoit de plus urgent pour conserver ses terres ;
mais il s'est trouvé sans terres et sans argent, puisqu'on
lui a tout enlevé au moment de l'adjudication, et
quand il paroissoit infaillible qu'il conserveroit l'un ou
l'autre.

La supplication retrace aussi l'impossibilité de trouver
personne au Palais qui veuille l'écouter, le défendre contre

des avoués ; la folle enchère, par laquelle on veut lui enlever son pauvre asile, et le jugement de mars dernier, qui a été rendu pour en continuer les poursuites. Elle dit que dans ce jugement, cinq avoués ont figuré ; et qu'il est certain que depuis le commencement du procès, il avoit été fait jusqu'à cinq mille francs de frais, et qu'avant de tout finir, il y en auroit dix mille, tandis que les biens mis en licitation ne les valent pas.

Jusques-là, dans les trois premières pages, la supplication ne nomme personne.

Ce n'est qu'à la quatrième et dernière page que les avoués Lemit et Normand sont nommés ; il le falloit nécessairement pour pouvoir demander justice contre eux.

Mais ne croyez pas que la charité pour eux, en les nommant, n'ait pas été continuée, quoique pour les forcer plus vite à réparer le mal, il eût fallu donner à leurs excès les fortes couleurs qui leur sont propres.

Le silence sur les plus grandes vérités a été observé dans cette supplication.

Elle ne dit pas que Lemit a commis une prévarication en mettant en procès entre eux à Paris, les deux neveux, qui étoient si bien d'accord, que l'un et l'autre lui avoit donné son pouvoir, et qu'il fit cela pour appeller le vieillard et ses biens à Paris.

Elle ne dit pas qu'il a commis des suppositions, des faux intellectuels réitérés, même sciemment, en supposant nécessaire une licitation, en y englobant des biens étrangers à la prétendue succession à partager ; en supposant encore une folle enchère, nécessaire pour revendre la chaumière de celui qu'il avoit déjà écrasé; folle enchère qui est elle-même la poursuite la plus folle qu'il y eût jamais, puisqu'elle n'a d'autre objet que de faire des frais énormes pour s'en payer par le prix de la revente, ce qui est encore le caractère le plus formel de la concussion.

Non, au lieu de ces qualifications que Lemit méritoit et qu'il nous force aujourd'hui de développer, la quatrième page de la supplication, après avoir fait le récit de la vie, de la procédure et des souffrances de Duchesne, dit seulement que c'est *l'avoué Lemit qui a poursuivi la licitation au nom des neveux.........., et qu'il n'a pas eu la charité de faire renvoyer devant notaire.*

Voyez s'il n'y a pas dans ces expressions le plus grand ménagement pour Lemit, quand on connoît toute sa conduite.

A l'égard de Normand, qui rendit dans un instant la plaie de Duchesne tout-à-fait sanglante, en laissant échapper les terres, et lui gardant son argent, on auroit pu lui dire non pas seulement qu'il a attrapé Duchesne, mais qu'il l'a trompé, surpris, trahi, puisqu'il reçut sa signature, sur un pouvoir et trente napoléons pour tout acheter, et employer de suite cet argent à payer les droits, et qu'au contraire l'événement prouva une heure après qu'il ne s'étoit rendu adjudicataire que de la plus petite partie, pour avoir des napoléons de reste et les garder, et qu'il se moqua de manquer au devoir de son ministère, de prévariquer et d'autoriser à dire qu'il y a eu de sa part fausse entreprise, abus de crédulité, avec plusieurs autres circonstances de l'article 405 du

Code pénal, dont chacune suffit seule pour punir le coupable.

On auroit pu lui dire aussi qu'après avoir fait donner encore une nouvelle signature par Duchesne, sur un registre, d'après laquelle Duchesne croyoit avoir la propriété de tout, il apperçut qu'il ne conservoit que les bâtimens, parce que Normand ne paya les droits que pour cet objet, et dans le même moment, comme il en convient, il empêcha Duchesne de reprendre le reste des trente napoléons. En quoi il a commis alors, et sans pouvoir jamais s'en laver, non-seulement une violation du dépôt, mais encore il a détourné la destination de l'argent, et s'est exposé aux peines de l'art. 408 du Code pénal; on peut même dire, qu'en retenant ainsi le reste des napoléons, de son aveu, malgré Duchesne, et sans aucun motif, il a exercé sur cet argument ce *maniement* qui cherche à se l'approprier, ou, ce qui suffit encore, pour caractériser le délit, à s'en servir *pour son usage* ou à en rester plus ou moins long-tems *en possession*, nous faisons la grace à Normand de ne pas proférer ici le nom de ce délit.

Et si ce que le vieillard soutient, que ce fut par violence et par un jeu de mains, sur la table et sur les napoléons, que Normand, plus fort que le vieillard, euleva tous ceux qui restoient, et lors-même que le vieillard lui portoit la main au collet, la gravité du délit et sa qualification seroient encore bien plus fortes.

La supplication ajoute que Duchesne ruiné, n'a plus aucun moyen de faire lui-même des procès, et qu'il demande aux magistrats qui ont autorité, de faire appliquer contre les deux avoués les art. 132 et 1031 du Code de procédure civile , par voie de discipline ou de vindicte publique , c'est-à-dire , par un réquisitoire de M. le Procureur impérial , dans l'instance civile. Elle évite en même tems toujours par ménagement de parler en aucune manière des articles nombreux du Code pénal, cités plus haut.

La supplication a gardé aussi le silence sur ce que Normand a fait depuis ; car il a violé son devoir par inertie , par prévarication. Il auroit dû répondre aux actes à lui signifiés par Lemit , et arrêter les poursuites si inutiles , si répréhensibles de la folle enchère ; il a joui de l'argent : il n'a rien dit ; il a laissé faire.

La supplication se contente , malgré tout cela , de dire , en nommant alors Normand , qu'après avoir attrapé à Duchesne des signatures , on ne sait pourquoi ; parce qu'en effet , le but pour lequel elles furent données n'a pas été rempli ; et après avoir attrapé ses trente napoléons , il n'a pas daigné s'occuper de lui.

Cependant dès que c'étoit une dénonciation aux magistrats , et qu'il y avoit si fort motif et sujet de plainte , toutes les circonstances , avec toute leur gravité auroient pu et dû être récitées avec toutes les qualifications et les expressions convenables , et c'est la moindre qui a été employée , en disant que Normand a attrapé à Duchesne ses napoléons , ce qui , selon nos synonymes , ne l'inculpe d'autre chose que d'un dol civil , qui est d'avoir surpris , trompé Duchesne ; puisque la suplication ne demande que l'application des art. du Code de procédure civile , qui punissent les avoués qui font de mauvaises poursuites , sans parler du Code pénal.

Voilà encore autant de preuves que ce ne peut être

que quelque passion qui a imaginé de faire regarder cette supplication comme calomnieuse , avant même qu'elle soit instruite.

Voilà tout le résultat , toute la valeur , tout le prétendu délit de la supplication que je fis , que Duchesne prit et qu'il ne trouvoit pas suffisante , parce que , disoit-il , elle ne portoit pas tout ; il la signa et la porta à la censure , qui n'y trouva rien de contraire à l'ordre social , rien d'injurieux aux autorités , et il la remit ensuite à un imprimeur , à la charité duquel je la recommandai , et qui n'a rien exigé , du moins encore , quoique dans le jugement attaqué , les conclusions se permettent de dire que c'est moi qui l'ai payé.

Il n'en fut tiré que cent exemplaires , qui est le moindre nombre des impressions pour procès , et il n'y en a pas eu , comme on l'a dit profusion , car Duchesne en a encore plus de cinquante ; les autres furent distribués dans le Palais seulement , aux magistrats et sur-tout à M. le Procureur impérial , qui en est convenu à l'audience , car il a plaidé lui-même , que c'etoit avant le 24 juillet qu'elle lui fut remise , pour faire voir qu'alors Duchesne eût été encore à tems à être appelant du jugement du 13 mars , signifié le 24 avril ; ce que M. le Procureur imperial auroit pu se dispenser de dire , dès que la supplication expliquoit qu'Amable n'avoit aucun moyen de faire lui-même des procès.

Les avoués , de leur côté , dans leur plainte en calomnie , ont dit que Duchesne avoit remis sa supplication à M. le Président du tribunal de première instance , en lui demandant justice , ce qui seul démontreroit qu'elle ne fut pas faite pour calomnier , mais au contraire pour faire déclarer le fait vrai et obtenir justice ; et parce que c'étoit uniquement à cause d'une instance civile, et contre cette instance, et pour la faire déclarer frustratoire et en faire retomber selon la loi, tout le poids sur les deux avoués.

Il ne faut pas oublier que, de l'aveu des avoués, cette supplication, qui dénonce les faits, a été remise au Président civil pour demander justice.

Maintenant tout, jusques et inclus le grand crime qui a attiré, à Duchesne et à moi, la menace, par le jugement attaqué, d'une si grande punition, est entièrement connu et détaillé avec la plus sévère exactitude.

I.Ve PARTIE DES FAITS.

Procédure et tournure pour éviter de faire apprécier la supplication dans l'instance civile.

Me voilà arrivé à la procédure qui a été bâtie pour parvenir à me frapper ; car tous mes lecteurs, à coup sûr, sont désormais bien convaincus que j'ai sur-tout bien raison de dire que ce n'est pas à Duchesne qu'on en veut ; c'est à moi : quoique je n'aie fait qu'une chose permise et commandée par la charité ; quoique je n'aie rien signé ; quoique la censure ait trouvé que ni l'ordre social, ni les autorités n'y sont en aucune manière blessés ; quoique les faits y soient qualifiés avec un ménagement qui n'étoit pas dû ; et quoique celui au nom duquel ils ont été écrits les ait seul signés, et qu'il dût en être seul responsable, quand ils seroient plus ou moins vrais ; quoiqu'enfin il n'y ait absolument aucune action contre moi.

On auroit bien voulu pouvoir épargner Duchesne et ne frapper que moi ; mais on a vu qu'en supposant

qu'il y a calomnie dans un écrit au nom de Duchesne,
signé de lui et relatif aux horreurs dont il se plaint
depuis si long-tems, il étoit impossible de séparer
Duchesne de la poursuite et de la punition ; une victime de plus n'a rien coûté à la passion de m'atteindre.

Quel spectacle cependant qu'un vieillard, que ceux
qui l'ont ruiné veulent encore jeter dans une prison,
et priver, après la vie la plus laborieuse et la plus
sainte, des droits civils pendant dix ans, ce qui est
un tems plus long que celui qu'il a probablement à
vivre, et le tenir encore courbé sous des amendes, des
dommages et autres peines pécuniaires en faveur de
ceux-là même qui ont dévoré ses biens, et à l'égard
desquels, par sa caducité et sa misère, il auroit la honte
de mourir insolvable.

Non ! la cupidité des hommes les plus barbares,
leur inhumanité contre ceux qui ont le courage de
les inculper, lors même qu'ils les tuent, est un mal
moindre que l'audace de Lemit et Normand.

Voyons maintenant par quelle tournure, en portant plainte pour calomnie, ils sont parvenus à prévenir trois ou quatre juges, et à les aveugler jusqu'à
leur surprendre contre le vieillard une condamnation
si atroce, qui étoit d'abord par défaut contre moi,
et puis à la faire maintenir contradictoirement.

Ils ont vu que la principale inculpation étoit, contre
Lemit, d'avoir poursuivi un procès de fausse licitation, et à suite une folle enchère ; le tout sans autre
objet que de faire des frais énormes, et pour s'en
payer par vente et revente.

Et contre Normand, d'avoir attrapé trente napoléons , et d'être resté en possesion , sans motif, de la plus grande partie.

Pour pouvoir dire et faire juger que tout cela étoit calomnieux, ils ont su en empêcher l'examen dans l'instance civile, et même l'instruction inévitable qui auroit dû avoir lieu quand il n'y auroit pas eu d'instance civile, ils ont su faire recevoir contre la loi, et contre toute raison, leur plainte récriminatoire en calomnie au correctionnel, et faire même laisser de côté la plainte principale résultante de la supplication. Ils ont imaginé mille impostures pour donner quelque couleur à leur plainte ; ils ont prétendu que les faits présentés dans la supplication sont inexacts, lors même qu'ils empêchent de les instruire, et que je suis, aussi bien que Duchesne, responsable de leur inexactitude ; et on a dit , on a fait tout ce qu'ils ont voulu dans le jugement.

Il n'a pourtant pas été possible à Lemit de nier l'instance en licitation, parce qu'elle a été suivie de vente, et que le vieillard est dépouillé de ses terres ; mais il a imaginé de la pallier en disant qu'il n'avoit fait qu'exécuter un jugement à lui remis par ses parties, et qu'il ne pouvoit pas s'en dispenser, et cela pour faire perdre de vue la prévarication par laquelle il a commencé l'instance sur laquelle il a fait rendre lui-même le jugement ; et pour faire croire que la supposition que les biens étoient indivis ne pouvoit lui être reprochée, il a imaginé aussi que dès qu'il ne lui avoit pas plu de donner des états de frais, il pouvoit soutenir que c'étoit calomnieusement qu'on avoit dit que cinq avoués en avoient fait pour cinq mille francs, et qu'il pourroit y en avoir pour dix mille.

Quant à la folle enchère, quoiqu'elle traîne depuis deux ans, comme elle n'est pas consommée, il a pris le parti de dire que, si elle eut un léger commencement, elle fut aussitôt éteinte; que Duchesne n'en a pas ressenti le moindre mal, et qu'elle n'a plus eu aucune suite depuis un prétendu jugement du 5 février 1812, dont il a été déjà parlé plus haut et dont je serai obligé de parler encore. Lemit a espéré qu'on n'auroit sauvé aucune des copies, et qu'on ne connoîtroit aucun des actes par lui faits pour continuer les poursuites en 1812 et 1813.

Ainsi son système, pour rendre calomnieux le reproche qu'il y a cinq mille francs de frais exposés par cinq avoués, et qu'il a poursuivi une folle enchère est donc simplement la dénégation.

A l'égard de Normand, on a imaginé, quoique tout ni partie des six cents francs qu'il a reçus, n'aient jamais été destinés à être remis à Lemit sous prétexte de frais, parce que Duchesne avoit mille motifs d'éviter de rien payer à Lemit, quand il auroit eu de l'argent, de dire que Normand, ou son successeur Bouland, a versé dans les mains de Lemit les 391 fr. du reste des trente napoléons, que Lemit les a reçus pour frais et en a fait quittance privée le 31 décembre 1811, jour où Bouland a été reçu avoué à la place de Normand; sans s'appercevoir que c'est d'abord un versement fait sans aucun pouvoir, et que cette tournure même avoueroit une rétention jusqu'alors, et ne laisseroit pas moins Normand aussi coupable que l'est celui qui ne rend que lorsqu'on crie , et lorsqu'il craint d'être convaincu et puni.

On a ajouté que de plus, Bouland s'est présenté à l'audience le 5 février 1812, jour du prétendu jugement, comme avoué d'Amable, et que dans ce jugement il a été déclaré par Bouland qu'en effet il avoit remis à Lemit, le 31 décembre, les 391 fr., et par Lemit qu'il les avoit reçus ; qu'alors il y a une pièce authentique, justifiant qu'au moins, depuis le cinq février, Normand n'étoit plus rétentionnaire des 391 fr. et que le reproche qu'il les avoit attrapés et retenus est calomnieux.

Cependant cette recette pour faire de la bonne calomnie est comme on voit un peu foible. Nous verrons aussi plus bas comment on s'y est pris pour la fortifier.

Qu'est-ce que ce prétendu jugement du 5 février ?

Mais il faut plutôt, comme chose très-essentielle, faire connoître ce que c'est que ce prétendu jugement du 5 février 1812, qu'on invoque aujourd'hui en le donnant pour une grande preuve de vérité.

Qu'on veuille bien se rappeller que j'ai énoncé une foule d'actes et de sommations émanés de Lemit lui-même, qui justifient par leurs expressions le contraire de ce qu'il dit aujourd'hui d'après ce prétendu jugement, et qui prouvent que sans cesse il a voulu continuer les poursuites de folle enchère, et que réellement il a fait encore ordonner cette continuation par le jugement du 13 mars 1813, signifié le 24 avril. Lemit, dans tous ces actes, pendant 18 mois, a répété que Duchesne n'avoit pas payé les frais de vente, et qu'il devoit payer aussi le prix de son adjudication.

Il n'y a jamais dit que pour ces frais Normand ou Bouland lui eussent remis les 391 fr. du reste des napoléons, qu'il s'en fut contenté, et qu'il ne vouloit plus, ni pour les frais, ni pour le principal, donner aucune suite à la folle enchère; au contraire il n'a cessé de vouloir la suivre.

Cependant c'est là ce que Lemit et Normand ont le front de dire aujourd'hui de concert, en donnant le prétendu jugement du 5 février 1812, pour preuve que les 391 fr. ont été versés dans les mains de Lemit, et en expliquant au contraire que depuis ce jugement la folle enchère n'a eu aucune suite ; ils ont fait dire aussi cela dans le jugement attaqué, pour preuve que le reproche d'une folle enchère étoit calomnieux.

Qu'est-ce donc que ce jugement du 5 février 1812? ce qu'il est? le voici : une pièce curieuse qui mérite entièrement l'attention du lecteur.

Preuves et circonstances de quelques-uns des faux qui sont patents dans ce prétendu jugement.

Ce prétendu jugement se trouve le dernier acte écrit sur le cahier d'enchère composé de plusieurs feuilles, qui a servi, d'après la loi, de registre pour l'adjudication, et auquel on a ajouté un second cahier composé d'une seule feuille de papier timbré, sur laquelle il n'y a que la réquisition du second certificat inutile et illégal que Lemit se fit délivrer le 18 mars 1812, quoiqu'il en eut pris déjà un le 6 décembre, et que la loi ne dise pas qu'il faut en prendre deux.

Il n'y a de plus à la fin de cette dernière page du cahier, et après le prétendu jugement, que les quatre ou cinq premiers mots formant la première ligne de cette minute de certificat.

Tout le reste de la minute du certificat est en entier sur la feuille formant seule un second cahier ; cette feuille ajoutée ainsi, est beaucoup plus blanche, plus propre que le premier cahier. Ainsi la minute du prétendu jugement du 5 février, qui n'a jamais été expédié, est le dernier acte qui se trouve en entier à la dernière page du premier cahier.

Il résulte de cette minute de ce prétendu jugement, que le 5 février Lemit et Bouland se seroient trouvés à l'audience des criées, et qu'ils l'auroient requis et fait rendre. Voici ses expressions : « Après avoir en-
» tendu Lemit, avoué poursuivant, et Bouland, avoué
» d'Amable Duchesne, fol enchérisseur.

» Nous juge susdit, donnons acte à Bouland de ce
» que, le 31 décembre, il a payé à Lemit la somme
» de 391 fr. restante en ses mains, à compte des frais
» à la charge d'Amable Duchesne, pour l'adjudication
» à lui faite des biens dont s'agit, et pour le surplus
» renvoyons la partie de Lemit à se pourvoir ainsi
» que de droit ; donnons pareillement acte à Lemit
» de ce qu'il reconnoît avoir reçu ladite somme de
» 391 fr. à compte.

» Et donnons acte de la lecture de la publication
» de l'enchère. »

Tenons d'abord pour certain qu'aujourd'hui, quoique ce prétendu jugement porte que Lemit ne reçut qu'à compte des frais, il soutient lui-même, ainsi que

Normand, pour éloigner l'odieux de la folle enchère, qu'il n'a pas couru après le reste des 500 fr. qu'il vouloit faire payer à Duchesne, car aux débats plusieurs fois, et puis sans cesse encore par la bouche de son avocat, Lemit s'est vanté que, par humanité, il n'a plus poursuivi en aucune manière Duchesne, ni pour le reste des 500 francs qui eut été 109 francs, ni pour le principal de l'adjudication, qu'il l'a laissé tranquille et que c'est un rêve de mon imagination d'avoir dit qu'il ait songé de nouveau à la folle enchère depuis ce prétendu jugement du 5 février.

On a vu pourtant une infinité d'actes fournissant la preuve littérale que, pendant tout l'an 1812, et jusqu'en mai ou juin 1813, que je l'ai interrompu, Lemit n'a cessé de demander, et le principal de l'adjudication et les frais, sans dire même en quoi ils montoient, ni qu'il eut reçu 391 fr. à compte, et cela seul prouveroit la contradiction, le faux intellectuel le plus certain entre le prétendu jugement poursuivi par Lemit et les actes émanés de lui.

Quelques observations vont bien rendre encore plus saillans les faux intellectuels sans nombre de ce jugement.

Et d'abord, s'il étoit vrai que ce versement de 391 fr. eût été fait le 23 septembre 1811, pourquoi auroit-on attendu jusqu'à ce prétendu jugement du 5 février 1812 pour se faire donner acte de la prétendue remise des 391 francs déjà faite le 23 décembre 1811, lorsque déjà le 8 et le 22 janvier il avoit été poursuivi par Lemit, en sens contraire de ce versement, deux autres jugemens de publication d'enchère où l'on auroit pu

prendre le même acte, et éviter de nouvelles publications.

Car Lemit, après avoir fait des actes de sommation à
Normand, faute par Duchesne de payer les frais de son
adjudication et d'en consigner le principal, s'étoit permis des affiches qui annonçoient la publication de la
folle enchère pour le 8 janvier 1812; et ce jour-là il
prit un jugement portant défaut contre Duchesne et
acte de la publication.

La réponse à cette question qui vient d'être ici faite
en demandant pourquoi on a attendu depuis le 31 décembre jusqu'au 5 février, se présente naturellement :
il est faux que le versement eût été fait le 31 décembre,
car lorsqu'on a imaginé d'aller fabriquer ce jugement
daté du 5 février, déjà celui du 8 janvier étoit sur le
registre; il n'étoit plus possible de mettre dans ce jugement de janvier que le 31 décembre il eût été fait un
versement; on a imaginé de le dire sous la date du
5 février, jour où il auroit pu être fait une des publications à la quinzaine. Toute l'adresse possible n'empêche pas de voir que dès que le 8 janvier, dans le
jugement rendu ce jour-là, on ne parla pas du versement du 31 décembre, et qu'au contraire on fit une
publication, le versement n'existoit pas, parce que
Lemit poursuivant, seroit alors coupable de n'avoir
pas dit le 8 janvier ce qu'il a mis dans le prétendu
jugement du 5 février, et de n'avoir pas en même
temps discontinué toute publication.

Voici une autre preuve encore plus forte contre
ce prétendu jugement, et pour en démontrer le faux.

Jusqu'au 9 mars suivant, Duchesne ne connut d'autre acte que la sommation qui lui fut faite à lui-

même ce jour-là sur les lieux; et il n'y est pas dit un seul mot du prétendu versement de 391 fr., ni du jugement du 5 février, mais au contraire du jugement du 8 janvier mal énoncé, en disant faussement qu'il est contradictoire et qu'il ordonne la continuation de la folle enchère, et Lemit proteste dans cette sommation qu'il va la suivre; cela prouve jusqu'à l'évidence, que le 9 mars le registre d'enchère ne portoit que le seul jugement du 8 janvier, sur la folle enchère, et que le prétendu jugement du 5 février, qui, s'il étoit sincère dans sa date, auroit dû être écrit dans l'intervalle du 8 janvier au 9 mars, a été fabriqué après coup, et que Lemit en impose quand il dit, que depuis ce jugement il n'a plus songé à la folle enchère, puisque la copie même de sommation du 9 mars que nous rapportons dit le contraire), en demandant les frais et le prix de l'adjudication, et à défaut qu'il poursuivra la folle enchère. Il en est dit autant dans une foule d'autres actes qui ont suivi pendant 18 mois.

Alors, ou ce jugement du 5 février et le langage que Lemit et Normand y ajoutent, que depuis il n'a été rien fait pour poursuivre la folle enchère, est fanx, ou bien la sommation du 9 mars et tous les autres actes qui ont eu pour but de poursuivre la folle enchère sont autant de faux.

Ce qui va suivre démontreroit encore seul qu'il est impossible de penser autrement.

Supposition que Bouland étoit avoué de Duchesne.

En effet, pourquoi encore ce prétendu jugement

porte-t-il que Bouland s'est présenté à cette audience du 5 février avec Lemit, et que Bouland s'est dit avoué d'Amable Duchesne, fol enchérisseur, quand Amable Duchesne ne l'a jamais constitué pour son avoué, ne lui a donné aucun ordre ni pouvoir ? Pourquoi Bouland se seroit-il permis de se qualifier d'avoué de Duchesne, s'il est vrai qu'il se soit présenté à cette audience ? Tout cela est donc faux, car où sont les actes, les avenirs, les sommations à lui faites pour se trouver à cette audience, et que Lemit, seul poursuivant, auroit pu lui faire, car Bouland ne peut pas s'être trouvé à cette audience comme tombé des nues ?

L'art. 740 de la loi, en pareil cas, ne veut pas plus, que dans tous les autres, que l'avoué successeur occupe de droit ; cet article dit, au contraire, que les notifications seront faites à la partie, si elle n'a pas d'avoué. Où est alors la constitution faite par Amable, de Bouland à la place de Normand ?

Pourquoi, et ceci ne permettroit pas seul de douter que le prétendu jugement a été fabriqué après coup et qu'on n'a pas pu le mettre en harmonie avec les autres actes postérieurs à sa fausse date ; pourquoi, dis-je, si le 5 février Lemit eût connu Bouland pour avoué de Duchesne, et que Bouland l'eût été, Lemit auroit-il signifié la sommation du 9 mars au domicile de Duchesne, quand l'article cité dit qu'elle doit être signifiée à l'avoué, si la partie en a ?

Pourquoi aussi Bouland auroit-il dit dans ce prétendu jugement, qu'il a remis à Lemit, le 31 décembre, 391 fr. qui lui étoient restés, lorsque Duchesne ne lui a rien remis à lui, et qu'il ne lui a donné aucun ordre ni pouvoir de rien remettre à personne, et que

s'il resta des napoléons dans les mains de Normand,
on a vu que c'étoit par force et malgré Duchesne, et
que jamais Normand n'a cessé d'en être retentionnaire,
comptable et coupable.

Pourquoi ce prétendu jugement, pour assurer sa
date, n'est-il pas enregistré dans les vingt jours, à
peine d'un double droit ; il en étoit susceptible dès
qu'il donnoit acte d'une quittance d'un prétendu versement.

Qu'on n'aille pas dire que la signature du juge et
du greffier attestent l'exacte sincérité de la date d'un
jugement. Ce n'est pas à ceux qui connoissent bien
le Palais qu'il faut donner une pareille raison ; il
n'arrive presque jamais que le juge ni le greffier signent
les minutes de jugement le jour qu'ils sont rendus ; ils
sont, on peut le dire, toujours signés après leur date,
et quelquefois des mois, des années après, lorsqu'on
n'a pas besoin de les expédier, car celui dont il s'agit
n'a jamais été expédié ; on va souvent présenter au
juge des minutes long-tems après leur date pour les
signer, en disant qu'elles ont été oubliées ; il y en a
même qu'on oublie éternellement de faire signer. S'il
n'arrive presque jamais que les minutes soient signées
le jour de leur date ; alors la signature du juge ne
peut jamais garantir la vérité de la date ; il y a plus,
l'existence des minutes ne peut pas garantir toujours
positivement la vérité du jugement, parce que la signature peut avoir été surprise, au moins quand le juge
n'a pas écrit lui-même la minute.

Car, pourquoi d'abord ce prétendu jugement, quoique signé par le greffier d'audience, n'est-il pas écrit
par lui ?

Pourquoi ce prétendu jugement du 5 janvier 1812, est-il d'une autre écriture que ceux des 8 et 22 janvier qui précèdent ?

Lemit n'a-t-il pas fabriqué, écrit de sa main la minute de ce prétendu jugement sur le registre ?

Enfin, par qui ce prétendu jugement est-il écrit sur ce cahier d'enchère formant registre ; car la présente question donneroit aussi la clef de tous les pourquoi qu'on vient de voir ?

Par qui ? je n'ose le dire ; car sur l'instant où je demandai à le voir à l'audience, je fus atterré quand il me parut qu'il étoit écrit ; par qui ?..... par qui ?... Par Lemit lui-même. J'eus assez de sang-froid, assez de prudence pour ne pas le dire, et pour me retenir jusqu'à ce que je l'aurois fait vérifier et comparer par quelqu'un sur des pièces écrites de la main de Lemit.

Cette vérification a été faite par un connoisseur, qui a cru comme moi que c'étoit l'écriture de Lemit ; il a été fait de plus à Lemit, à la requête d'Amable, une sommation pour contester ou convenir que cette minute de jugement est écrite de sa main, et qu'à défaut de réponse, le fait seroit tenu pour certain. Le même acte a fait sommation à Bouland de justifier de sa constitution par Duchesne, qui, à défaut, l'a désavoué.

Sommation à Lemit, Normand et Bouland, et mise en demeure s'ils ne répondent pas et s'ils ne produisent pas toutes les pièces et leur registre de recette.

La même sommation a demandé aussi à Normand

de joindre à ce procès le dossier contenant son pou-voir d'enchérir et les significations à lui faites par Lemit.

Tous ont été sommés d'y joindre généralement toutes leurs pièces.

Tous enfin ont été requis d'y joindre leurs registres de recette, comme Amable a le droit de les en re-quérir, sous peine de déni de toute action contre lui, et pour savoir si son argent, qu'ils disent tous les trois avoir reçu, manié, a été légalement et exactement porté, et si leurs trois registres sont concordans avec ce prétendu versement du 31 décembre ; car si cela n'étoit pas, cela seul les confondroit tous trois, et ren-droit le prétendu jugement du 5 février totalement faux ; et quand cela seroit, les autres circonstances resteroient encore pour prouver l'inconduite de Lemit et Normand.

Ces registres sont encore nécessaires pour voir quelles sont les sommes que Lemit a palpées provenant du prix des biens d'Amable, et pour le confondre, quand il dit qu'il n'a pas eu 2 ou 300 fr., lorsque, comme on l'a vu, il paroît qu'il a eu seul plus de 3000 fr., et que le malheureux Amable, loin d'avoir rien touché de ses biens, est encore débiteur pour des frais, et doit aussi les dépens auxquels il a été condamné par le jugement du 13 mars 1813, dans lequel Lemit a fait ordonner qu'il continueroit la folle enchère, et malgré lequel Lemit et Normand ont le front de soutenir que depuis le 5 février 1812, il n'a pas été question de cette poursuite.

Conséquences contre Lemit, si, comme on est en droit de le croire, faute de réponse, il a fabriqué et écrit le prétendu jugement.

Si c'est pourtant Lemit qui a écrit cette minute de ce prétendu jugement, précisément dans des circonstances pareilles, elle est donc, par cela seul, un faux intellectuel d'un bout à l'autre, quand on y voit qu'elle est datée du 5 février, jour de l'audience, et que Lemit lui-même a fait des actes depuis le 9 mars suivant entièrement contraires à ce qu'elle porte.

Car Lemit n'est pas greffier, pour avoir tenu comme tel l'audience du 5 février, et avoir rédigé, écrit un jugement dans lequel il auroit figuré comme avoué ; ce n'est pas à lui à écrire, ni à l'audience, ni au greffe, autre chose que ses dires, et moins encore des jugemens où il figure pour l'un des plaideurs ; cela est si illégal, si abusif, qu'on voit combien de faux il a mis dans ce jugement tous à son profit, et au préjudice de Duchesne.

Il n'a certainement pas écrit cette minute à l'audience. Alors, dans quel lieu, quel jour l'a-t-il écrite ! Est-ce au greffe ou dans son cabinet chez lui, en déplaçant le registre, comme on ne le fait que trop souvent, par le désordre dans lequel certains avoués tiennent les greffes, et malgré l'œil de plusieurs greffiers honnêtes qui ne peuvent pas arrêter ces excès ?...

Quand Lemit aura eu griffonné cette minute, qu'il n'aura pas osé proposer au greffier de fabriquer après coup, il lui aura dit de la signer et de la faire signer par le juge, en le trompant, et lui disant que c'est un oubli ; et le greffier, pour ne pas s'exposer lui-même au reproche d'avoir laissé mettre sur ce registre un jugement par un avoué intéressé, n'aura pas osé porter plainte au juge. Cela seul encore prouve la fausseté de la date de ce prétendu jugement, parce qu'il n'est pas possible de croire qu'il ait été écrit par Lemit à l'audience, et que le juge l'ait signé alors.

Ah ! ce seroit un petit tableau allégorique bien curieux, si jamais on faisoit la gravure de Lemit endormant le greffier et le juge, prenant la plume pour écrire sur un registre une minute de jugement, dans lequel il paroît lui comme avoué, y fait figurer Bouland comme avoué de Duchesne, qui ne lui a jamais donné aucun pouvoir ; et dans lequel il fait dire aussi par le juge ce qui lui plaît, et se renvoie lui-même à se pourvoir pour recommencer une folle enchère.

Pourqnoi aussi ce renvoi à se pourvoir, s'il eût été vrai, comme il le dit aujourd'hui, que dès l'instant du prétendu versement allégué dans ce jugement, il décida de ne plus poursuivre la folle enchère ; de quel droit a-t-il requis et fait ordonner, ou à mieux dire, fabriqué ce renvoi pour recommencer une folle enchère pour laquelle il auroit déjà fait les frais très-dispendieux de trois publications ; étoit-il le maître de disposer ainsi les choses de manière à doubler pour cet objet les formalités ? Et si le jugement du 13 mars s'exécutoit, ne faudroit-il pas recommencer les publications de la folle enchère ? Voyez s'il n'est pas juste, nécessaire, comme la supplication prétendue calomnieuse le demande, de faire prononcer par le juge civil que la procédure de Lemit est frustratoire, si ce n'est pas la plus complète absurdité d'avoir porté cette supplication au correctionnel, pour la faire regarder comme une pièce parasite et comme une calomnie, et si ce n'est pas au contraire au juge civil auquel elle fut remise à y statuer ?

Si tout ce que Lemit et Normand disent aujourd'hui étoit sincère, et que l'humanité de Lemit eût été disposée à tout arrêter en recevant les 391 fr., pourquoi Normand, s'il s'y croyoit autorisé, ne les auroit-il pas remis à Lemit sans attendre trois publications, et aussitôt que la menace de folle enchère lui avoit été déjà faite par sommation le 9 novembre ? Ce seroit donc un autre tort bien grand de Normand d'avoir laissé faire les trois publications avant de verser ; et s'il a versé le 23 décembre, pourquoi Lemit, quand il dit s'être contenté de ce versement, a-t-il encore après fait les publications des 8 et 22 janvier, et celle que porte aussi le prétendu jugement du 5 février ; ce ne sont que de pareils détails, en apparence minutieux, qui peuvent démontrer et confondre la ruse et la soif de Lemit, et amener des mesures pour le contenir, ainsi que ceux qui tenteroient de l'imiter. Aussi on doit me pardonner et excuser la longueur de cet écrit. Ce prétendu versement du 23 décembre, ainsi contredit par les jugemens subséquens, est donc une fable pour le besoin de la cause.

A côté d'un petit tableau allégorique de ces faux intellectuels de Lemit, qui sont, comme on voit, innombrables, il faudroit peindre encore Normand recevant le pouvoir et les napoléons de Duchesne pour le rendre adjudicataire de tous ses biens, et se jouant dans le même instant de Duchesne, abusant de sa crédulité et de sa confiance, le trahissant, n'achetant que la plus petite partie pour avoir de reste la plupart des napoléons , et l'empêchant ensuite de reprendre ce reste ; il seroit sur-tout curieux de voir Duchesne et Normand luttant des mains sur les napoléons et sur la table où ils étoient , et Normand les empoignant tous , parce qu'il est plus jeune et plus fort , et lorsque le vieillard portoit une de ses mains à son collet.

Qu'on ne demande pas ici si nous nous inscrivons oui ou non , contre ce prétendu jugement du 5 février. Nous ne savons pas ce que nous serons forcés de faire pour atterrer les audacieux qui en argumentent. Il ne faut pas d'ailleurs être curieux de s'enferrer dans des procès avec des avoués qui , comme on voit , ont sans cesse tant de ressources pour éluder éternellement le fonds par la forme ; car , dans l'espèce même actuelle , ils nous ont empêché , suivant la loi , d'instruire le fonds , et ont surpris un jugement sur la récrimination avant l'instruction de la plainte principale.

Nous nous contentons de dire , pour le moment , qu'il y a faux patent , qu'il y a évidence de faux par la contradiction du prétendu jugement , et le langage qu'on y ajoute , avec tous les actes émanés de Lemit lui-même , et qu'alors il n'y a pas de milieu , ou ce jugement est faux , ou bien la foule d'actes que nous rapportons recommencés après janvier et février 1812 par Lemit , et dont le premier est du 9 mars 1812 , et le dernier le jugement du 13 mars 1813 , signifié le 24 avril , sont autant de faux intellectuels eux-mêmes , dont le but étoit de commettre la concussion la plus déhontée.

Et comme le jugement et ces actes sont tous l'ou

vrage de Lemit , il y a nécessairement faux de la part de Lemit ou dans l'un ou dans l'autre. Ainsi , sans inscription de faux et par la contradiction formelle des actes émanés de son fait , Lemit est suffisamment convaincu de faux intellectuel , à moins qu'il ne lui fût possible de s'inscrire en faux avec succès lui-même ou contre le jugement ou contre les actes , ce qui lui seroit à-peu-près aussi difficile que de nier le jour en plein midi , dès que tout est son ouvrage. Il n'a pu se jouer de leur contradiction téméraire que dans l'espoir , bien fondé presque toujours en pareil cas , qu'il ne se trouveroit pas un homme du Palais qui eût le courage de démasquer une telle inconduite d'un avoué; il croyoit aussi que la misère dans laquelle il a plongé Duchesne lui en étoit un autre garant.

Enfin , en résultat , dans tous ces faux, et ce qui a précédé et suivi , on ne voit que la cupidité de Lemit, qui a voulu arriver à faire et percevoir des frais illégaux. On ne peut s'empêcher de dire que c'est un véritable esprit de concussion qui l'a animé , qu'il en a déjà beaucoup profité , et qu'alors il est aussi bien concussionnaire , et il mérite d'être poursuivi comme tout percepteur , tout fournisseur , tout prévaricateur qui suppose dans des écritures ce qui n'est pas , qui fait ce qu'il ne doit pas faire , ou ne fait pas ce qu'il doit faire , afin de parvenir à exiger ce qui ne lui est pas dû.

Voilà le premier rapport sous lequel il faut envisager le faux jugement du 5 février , et que je qualifie faux, parce qu'il faut plutôt croire fausse une seule pièce , que cinquante autres postérieures qui disent le contraire.

Examen de ce prétendu Jugement sous le rapport de la supposition qu'il renferme que Bouland étoit avoué de Duchesne.

Mais croyons pour un moment que ce jugement n'est pas faux, ni dans sa date, ni dans la plus grande partie de ce qu'il renferme, et ne nous occupons que de la partie de ce jugement où Bouland figure comme avoué de Duchesne, et rappelons que c'est Lemit qui l'a poursuivi et qui même, selon toutes les apparences, a rédigé et écrit cette minute de jugement ; qu'ainsi c'est bien Lemit qui a dit que Bouland étoit avoué de Duchesne, quand Lemit étoit le seul dans le monde qui pouvoit et devoit savoir mieux que personne si Bouland étoit ou n'étoit pas avoué constitué par Duchesne, parce que Lemit poursuivant ne pouvoit le reconnoître tel, qu'autant qu'il auroit dans ses mains la copie d'une assignation, ou d'un acte d'avoué à avoué, dans lequel Duchesne auroit constitué Bouland à la place de Normand.

Or, dès que Duchesne n'a jamais constitué Bouland pour son avoué, c'est là une supposition pour le besoin de Normand et Lemit, pour constater faussement, le 5 février, ne trouvant pas le registre libre à une date antérieure, que Normand avoit versé ou fait verser le 31 décembre par Bouland, entre les mains de Lemit, les 391 fr., et pour tenter de se laver du reproche de les avoir pris, gardés et retenus et d'en avoir joui ; ce qui seul fait délit, quand Normand ne se seroit pas conduit comme s'il vouloit se les approprier, et pour faire regarder en même-tems ce reproche comme calomnieux, et plonger vivant et déshonoré dans un tombeau tel qu'une prison un vieillard respectable de 74 ans. Et cela est horrible.

Car, voyez toute l'atrocité qu'il y a de supposer que Dushesne est représenté par Bouland qui, sans réserves pour les droits de Duchesne, acquiesce à tout ce qui a été fait, puisqu'il verse et remet à Lemit 391 fr. pour le compte de Duchesne, et l'expose à voir opposer qu'il y a fin de non recevoir ; parce que non seulement il n'a pas auparavant pris ou fait prendre par des avoués des conclusions pour arracher ses propriétés aux poursuites de Lemit qui a fait la fausse licitation, mais encore parce que Bouland son avoué, qui a figuré dans le jugement du 5 février, a acquiescé, en payant pour lui à Lemit, sans protestation ni réserve, et sans conserver même les réserves faites dans l'adjudication.

Alors Lemit est hors d'atteinte, tout recours est perdu pour Duchesne contre Lemit et ses parties ; il ne reste plus à Duchesne que la ressource, à peu près impossible à mettre à profit, de faire un procès à Bouland en désaveu, puisqu'il faudroit trouver et de l'argent, et des avoués, et des avocats pour faire un pareil procès à Bouland avoué.

Ainsi voilà une première conséquence affreuse de la témérité de Lemit et Normand d'avoir supposé, dans le jugement du 5 février, que Bouland étoit avoué de Duchesne, pour se mettre à l'abri du juste reproche d'un fait vrai, et le rendre en apparence calomnieux et perdre un vieillard.

Voilà, en passant, les effets, les dangers des entreprises de certains subalternes du Palais ; il est aisé de sentir s'il importe au bien public de les réprimer.

Supposition de Lemit et Normand , quand ils ont besoin que Duchesne ait un avoué ; et quand il en a besoin lui-même , contr'eux , il éprouve des refus , des trahisons.

Voyez encore une chose bien plus remarquable et plus affreuse : rappelez ce qui est arrrivé lorsque Duchesne a eu besoin et a réclamé , depuis le premier jour qu'il fut assigné , que des avoués agissent pour lui et prennent des conclusions.

D'abord pour le renvoi à Pontoise de la cause , l'avoué Duquénel le trompe et ne le demande pas, il ne prend pas même les conclusions nécessaires pour distraire ses biens de la fausse licitation dans laquelle Lemit les a engloblés.

Quand l'avoué Normand se charge d'enchérir et de sauver les biens de Duchesne et reçoit son pouvoir et son argent, il ne le fait pas, le trompe et retient une grande partie de l'argent.

Quand Duchesne a ses titres et une consultation à la main, à laquelle il demande qu'on se conforme, et qu'il se trouve encore en dernier lieu dans des conférences chez Pillaut Débit , son troisième avoué, auxquelles Lemit étoit présent, il a beau se plaindre qu'on ne veut pas lui rendre de bon gré ses biens ou leur valeur, ni le servir en justice pour y parvenir, quoique ce soit le devoir de leur ministère.

On ne veut pas contrarier le confrère Lemit, parce qu'il faudroit nécessairement blâmer ce qu'il a fait.

Ainsi Duchesne s'est trouvé toujours dans un état tel que s'il n'avoit pas d'avoué, Lemit en a été constamment la cause, on peut dire qu'il l'en a privé.

Mais lorsque Normand et Lemit ont cru nécessaire à leur intérêt que Duchesne eût un avoué pour colorer leur inconduite en faisant, en apparence, acquiescer Duchesne, et détruire les reproches de Duchesne par Duchesne lui-même, on les voit supposer que l'avoué Bouland a été constitué par Duchesne ; ils le font figurer pour lui dans un prétendu jugement qui se trouve dans la poussière du greffe, et qui n'a jamais été ni signifié, ni expédié, et puis ils ont le front d'opposer ce jugement à Duchesne pour le faire déclarer calomniateur, en lui disant qu'il l'*a connu ou pu connoître*, car le jugement attaqué porte ces expressions, tandis que dans mille actes postérieurs ils lui ont dit et signifié le contraire.

N'est-il pas évident que ce sont ces deux avoués eux-mêmes qui, en fabriquant ce jugement, et cette supposition qui fait figurer Bouland comme avoué de Duchesne, et Lemit sur-tout en écrivant furtivement lui-même la minute de ce jugement et en surprenant la signature du juge, ont compromis ainsi et la justice et le magistrat ; je pourrois faire remarquer aussi, si ce n'est pas à ma courageuse persévérance, à mes bonnes intentions qu'on doit de pareilles découvertes pour l'honneur de la magistrature ; si ce n'est pas moi qui la venge et travaille pour son éclat

quand les subalternes , pour satisfaire leur intérêt ,
la compromettent ; s'il n'est pas enfin indispensable de faire un grand exemple contre Lemit et Normand.

Les magistrats ont le plus grand intérêt eux-mêmes,
malgré la puissance si épouvantable des subalternes ,
à les frapper comme ils le méritent ; car je suis moi-
même , par leur témérité que j'éprouve et que j'avois déjà éprouvé pendant une partie du tems que
j'étois magistrat , et pendant plus de dix ans, une
preuve de la vérité des traits d'histoire que j'ai cités
ailleurs, qui disent qu'ils ne respectent rien , qu'ils
ont fait reculer des milliers d'hommes qui ont tenté
inutilement de les dompter. Il faut donc enfin qu'ils
apprennent que les magistrats savent , quand une
voix puissante ne le leur auroit pas répété il y a quelque tems , que la mort du soldat sur le champ de
bataille seroit la plus glorieuse , si celle du magistrat mourant à son poste n'étoit plus glorieuse encore.

Qu'est-ce donc que ces avoués méritent , car il faut
espérer qu'enfin on écoutera , quand il s'agit d'une
criminelle supposition dans un jugement qui dit que
Duchesne avoit un avoué chargé d'acquiescer et de
verser des fonds dans les mains d'un autre avoué ,
et quand des avoués ont voulu rendre ainsi la justice l'instrument d'un faux pour se justifier des justes
reproches d'un vieillard et pour le perdre !

Ce qu'ils méritent ! je ne prononcerai pas : je
dirai seulement que lorsque quelqu'un de ces Messieurs qui se trouvent dans les forêts , prient poliment les voyageurs de se laisser prendre la bourse

ou la vie, on peut tenter de se défendre, on n'a ni son honneur, ni ses immeubles compromis, et on a encore la ressource de la justice pour aller lui demander vengeance, et faire monter à l'échafaud le téméraire assaillant.

Qu'on fasse maintenant la comparaison avec le cas où ceux qui n'existent que pour procurer justice, vous arrachent au contraire à la faveur de leur ministère, vos immeubles, votre argent, vous plongent dans les plus affreuses souffrances de la faim, de la nudité, et qui ensuite, si vous vous plaignez, si vous trouvez quelqu'un qui vous donne des secours, savent saisir eux-mêmes avec perfidie le glaive des lois, le diriger, tromper les juges, les induire à vous frapper, à vous déshonorer, à vous détruire. N'est-il pas vrai qu'alors les peines infligées au nom de la justice, sont des iniquités pire que les assassinats dans les forêts, et que c'est contre les téméraires qui se sont ainsi joués de ce qu'il y a de plus sacré, qu'il faut sévir plus vigoureusement que contre toute autre espèce de coupable.

Voilà ce que les deux avoués Lemit et Normand forcent à dire pour éviter leurs coups, et les faire retomber sur eux-mêmes, parce que battre pour battre, il vaut mieux battre qu'être battu.

Si on ne concevoit pas que ce qu'on vient de lire est ce qui peut arriver de plus affreux dans le temple des lois, si ce n'étoit pas aussi la démonstration que la supplication prétendue calomnieuse avoit ménagé et Lemit et Normand, et qu'il y a nécessité de les poursuivre et de les frapper eux-mêmes encore plus pour l'intérêt de la justice que pour celui de Duchesne, jamais rien ne sera démontré.

Manœuvres pour forger la calomnie.

Il faut à présent expliquer comment les avoués Lemit et Normand ont encore tous les deux pratiqué des manœuvres d'une autre espèce pour renforcer les prétendues calomnies de la supplication, et pour tenter de les rendre un peu noires : car sans aider cette supplication, sans lui prêter ce qu'elle ne dit pas dans ses expressions, certainement les prétendues calomnies que la passion veut qu'on y trouve, seroient trop pauvres, pour attirer la moindre punition, ni aucun reproche.

On a d'abord imaginé de diviser l'attaque des deux avoués en deux plaintes : l'une au nom de Lemit, l'autre au nom de Normand, et de les adresser, non pas au ministère public, mais à l'un des six juges instructeurs de Paris qu'on a choisi. On y a bâti une histoire telle qu'on l'a cru à propos, et puis on a su faire croire, sur-tout à ce juge, qu'il n'avoit pas même besoin de lire la pièce prétendue calomnieuse pour être convaincu qu'il y avoit véritablement calomnie ; on lui a persuadè qu'elle disoit crument que Normand avoit *volé trente napoléons*, et que Lemit avoit *mangé dix mille francs en frais.*

N'est-ce pas d'abord une chose affreuse d'avoir imaginé de substituer à l'expression *attrappé*, le mot *volé.*

N'est-ce pas une autre mauvaise action d'avoir dit, à la place des mots de la supplication qui portent que *cinq avoués* ont fait à coup sûr *cinq mille francs* de frais, que *Lemit a mangé dix mille francs en frais.* Car, malgré que même ces mots *Lemit a mangé* dix mille francs en frais ne puissent pas être qualifiés, dans aucun cas, calomnieux, et ne dussent être regardés que comme de ces hyperboles si ordinaires, qui ont lieu, sans aucune conséquence, lorsque tant de personnes disent et ont tant de raison de dire si souvent que des hommes d'affaires ont fait mal à propos des frais excessifs, il y a toujours beaucoup de méchanceté à supposer qu'un écrit a dit qu'*un avoué a mangé dix mille francs en frais*, quand, il dit seulement la chose la plus insignifiante que *cinq* avoués, qu'il ne nomme même pas, dans une licitation *ont fait cinq mille francs de frais.*

Comment ensuite ces deux avoués ont-ils pu persuader à Monsieur le juge instructeur, et lui faire croire sans lire, que ces expressions supposées étoient dans la supplication, et lui faire faire l'instruction comme si elles existoient ; car c'est en le supposant ainsi qu'on va le voir, que la prévention de **M.** le juge a instruit les plaintes de calomnie ; c'est ainsi que l'on a fasciné son esprit, et qu'on a coloré, renforcé la prétendue calomnie, et tenté de convertir le cuivre en or.

La plainte des deux avoués fut dirigée contre Amable Duchesne, et contre l'imprimeur en ajoutant, sans me nommer, le mot et autres, pour parvenir à m'atteindre.

Il paroît qu'on étoit dans l'idée que la supplication avoit été imprimée sans permission, dès qu'on appela l'imprimeur en même tems que Duchesne ;

mais ce premier moyen pour trouver un autre tort
que la prétendue calomnie, manqua lorsque Duchesne et l'imprimeur reconnurent la pièce et prou-
vèrent par la permission qu'elle étoit censurée et ap-
prouvée. Il fallut alors se retrancher à peser, à envenimer les mots pour trouver de la calomnie.

Duchesne a prétendu qu'il fut singulièrement mal-
traité par M. le juge instructeur, malgré son âge
et sans motif ; il a dit qu'il auroit été s'en plaindre
s'il eût pu savoir à qui il falloit s'adresser. Duchesne
donneroit à cet égard des explications, s'il étoit nécessaire.

Je fus appelé. L'on me fait, je pense, l'honneur
de croire que je ne m'étois pas occupé de deviner les
questions qui pourroient m'être faites, et de préparer
des réponses artisées, et quoiqu'on ne me présentât
qu'un exemplaire imprimé de la supplication et non
pas mon manuscrit, je ne pris pas le parti, qui eût
suffi, de dire que, tant qu'on ne mettroit pas mon
écriture sous les yeux, je n'avois rien à répondre.
J'avois asez de pitié, contre une pareille poursuite,
pour reconnoître de suite l'écrit, parce que je ne
crus pas qu'on y eût rien changé ; je déclarai que,
parmi les petits écrits que j'ai fait pour Duchesne,
il y en avoit un qui *étoit* ou *pouvoit* être tel que celui qu'on me présentoit. Je ne me rappelle pas si j'ai
employé dans ma réponse, ces deux expressions ;
ou l'équivalent, ou seulement l'une ou l'autre ; cela
est d'ailleurs indifférent.

Il fut question dans une autre interpellation de
discuter si, quand la censure a trouvé qu'il n'y a
rien d'injurieux aux lois ni aux autorités, ce n'est

pas celui au nom duquel un écrit est fait et imprimé, et qui l'a signé seul, qui doit garantir seul,
si les faits qu'il présente sont plus ou moins vrais,
et si celui qui a cédé à l'importunité d'un malheureux plaignant, pour l'aider par charité à mettre ses
plaintes en ordre, et qui ne signe rien, est responsable aussi de l'exactitude plus ou moins grande dans
le récit des faits. Cela du reste n'étoit alors qu'une
question de droit très-oiseuse. Elle rendroit pourtant
bien étroites les bornes de la charité, qui ne le sont
déjà que trop, si elle n'étoit pas décidée dans mon
sens.

Mais ce qui n'est pas oiseux, c'est la seule interpellation relative à la prétendue calomnie que le juge
instructeur m'adressa, et fit écrire par son greffier,
tendante à savoir pourquoi j'avois dit dans la supplication que Normand avoit *volé* trente napoléons,
et Lemit *mangé* dit mille francs en frais.

Sur l'instant j'aperçus, je sentis la prévention,
l'aveuglement, la malignité qui engendroit une telle
question, et quoique depuis plus de dix ans j'aie
éprouvé des persécutions au civil par des faits supposés, je n'avois jamais été aussi affligé que dans
cette occasion en voyant que, pour me vexer au
correctionnel, on agissoit à la fois illégalement en
instruisant la plainte récriminatoire en calomnie plutôt que les faits dénoncés comme punissable, et on
envenimoit, transformoit les expressions ménagées
avec lesquelles les faits étoient dénoncés, en expressions indécentes et fortes, en disant que je les avois
proférées, et pour avoir, en apparence, raison de
juger ensuite qu'il y avoit calomnie. Je ne doutai

pas dès-lors qu'on vouloit trouver un prétexte d'attenter à ma liberté, d'une manière aussi douloureuse que si l'on attentoit à ma vie.

Je ne crois pas aussi qu'on puisse éprouver une
indignation plus vive, que je sus pourtant étouffer
aussitôt par la pitié et le mépris.

Je répondis à M. le juge instructeur que j'étois
étonné de cette interpellation, que la supplication,
au moins quand le manuscrit étoit sorti de mes mains,
ne portoit pas les mots *volé* trente napoléons, *mangé*
dix mille francs. J'invitai, j'exigeai que ce juge lût
la pièce prétendue calomnieuse ; j'eus en même tems,
par la plus juste comparaison, sous les yeux, l'image
d'un innocent qui, faute par son juge d'avoir lu un
papier, est poursuivi, exécuté pour un fait faux,
ou parce que son nom a été pris pour celui
d'un coupable ; car c'est la même chose lorsqu'un
juge se permet d'instruire, sans lire la pièce prétendue calomnieuse avec laquelle on veut attenter à
la fortune, aux droits civils, à la liberté de son
semblable.

Quand il eut fait lecture de la pièce et qu'il lui
eut été impossible d'y trouver ce qu'il avoit cru qu'il
y avoit, j'exigeai qu'il réparât de suite son erreur au
moins sur le papier ; il le fit, car la correction et
les ratures existent sur la pièce contenant mes réponses,
qui est dans la procédure. J'apperçus pourtant que ce
n'étoit pas sans peine, et qu'il regrettoit que je me
fusse apperçu moi-même de la nécessité de cette rec-
tification. Il avoit voulu me faire entendre que cela
étoit indifférent, tandis que rien n'étoit plus essentiel
que de faire constater par l'altération qu'il fut obligé

de faire faire sur l'écriture du greffier et d'approuver par sa signature, qu'il avoit commis un changement bien étonnant, bien dangereux dans les expressions prétendues calomnieuses. Pourquoi dès l'instant que ce juge eut apperçu cette erreur et que la supposition disparoissoit, ne plongeoit-il pas la plainte des avoués dans le néant dont elle n'auroit jamais dû sortir? Pourquoi? C'est ce que ma circonspection ne doit pas expliquer et que le lecteur attentif devinera assez.

Je prie qu'on fasse bien attention que je ne cite et ne citerai que des faits importans et indispensables pour ma défense, comme l'est celui que je viens de rapporter, et qu'on ne doit pas dire qu'à mon tour je fais des suppositions pour nuire à qui que ce soit, comme on en fait sans cesse à mon préjudice.

Quelles réflexions un tel événement n'autoriseroit-il pas, quand la législation de tous les peuples veut, en matière pénale, que le juge, au lieu d'aggraver agisse toujours de la manière la plus douce, *in mitiorem*. Mais elles doivent être réservées pour un autre moment.

Réflexion sur le philosophe de Ferney, quand il écrivit pour les Sirven et les Calas.

Je dirai pourtant que si le philosophe de Ferney, quand il écrivit en faveur de plusieurs malheureux pour venger des erreurs judiciaires commises en matière criminelle, telles sur-tout que celles contre Sirven et contre Calas, et lors même qu'il ne pouvoit plus sauver que leur mémoire, au lieu d'être réduit à prendre ses moyens dans le fanatisme, avoit pu re-

procher au juge de Mazamet, qui avoit instruit contre
Sirven, au capitoul de Toulouse, qui instruisit contre
Calas, comme je puis le reprocher à mon juge instructeur, des altérations, des suppositions faites par
lui-même, dans quelqu'acte de la procédure, pour
dénaturer des expressions, aggraver, créer le délit,
quelles couleurs n'eut-il pas donné à ce procédé ;
quel effet n'eut-il pas produit avec les ressources de
cette éloquence, qui faisoit ressortir la vérité avec tant
de force, et à qui on se gardoit bien de dire qu'il
étoit sans droit, sans mission, quoiqu'il n'eût pas
même été ni magistrat, ni avocat, et n'eût fait aucun serment de défendre les opprimés, et quoiqu'il
ne le fît que d'après la loi naturelle, qui le permet,
le commande à tous ceux qui en ont donné le moyen.

Car il croyoit ce philosophe, et avec beaucoup
de raison, qu'il n'avoit pas à craindre des plaintes
en calomnie, quand il faisoit et publioit des notes,
des supplications pour les opprimés, et qu'il les adres-
soit aux magistrats et à tous les hommes, pour fixer
l'opinion publique et demander vengeance contre les
oppressions.

Loin qu'il eut pensé avoir rien à redouter, s'il eut
écrit des vérités contre des subalternes de la justice,
il articuloit hautement des faits contre des juges lorsqu'ils le meritoient ; jamais il ne vint dans l'idée à
personne, que lorsqu'on récite des faits pour les faire
examiner, juger et punir par les vrais magistrats, on
puisse, comme on l'a fait dans l'espèce actuelle, isoler
les écrits qui les renferment, les détacher de la foule
de ceux auxquels ils se lient dans une instance, et
les présenter à des juges autres que ceux chargés de

statuer sur l'objet principal auquel ils sont relatifs, et faire ainsi juger et blâmer les effets séparément, et sans connoissance de causes.

Renvoi à l'audience correctionnelle, le Juge instructeur en devient Président.

Mais, M. le juge instructeur de notre prétendue calomnie, malgré mes efforts pour lui inspirer ces réflexions, fit renvoyer à l'audience correctionnelle.

Par une autre fatalité, ce juge fut fait presqu'aussitôt président de cette audience, et comme tout exprès pour juger la cause avec le même esprit qui l'avoit dirigé dans l'instruction.

Il est vrai que, quoique les bonnes lois aient toujours prohibé à ceux qui ont instruit les procédures de les juger, et que les nouvelles disent que les juges d'instruction conserveront seulement séance au jugement des affaires civiles, une circulaire ministérielle, à cause de la pénurie des juges dans la plupart des tribunaux, donne, dit-on, aux juges instructeurs séance au correctionnel ; cela pourtant ne devroit avoir lieu que dans les siéges où il y a véritablement pénurie ; car je puis dire que je suis un exemple que cela est bien dangereux, par l'influence que peuvent avoir sans cesse sur le jugement les impressions que le juge a reçues en instruisant.

Cause portée à l'audience, et jugement le 27 novembre par défaut contre Selves et contradictoirement contre Duchesne.

Il est en effet arrivé que la cause portée a l'audience, présidée par le juge qui a instruit, tout ce qu'il a plu aux avoués de dire dans leur plainte, toutes leurs dénégations, malgré les pièces authentiques qui les démentent, tout a été accueilli en jugeant comme en instruisant, et donné pour motif dans un premier jugement par défaut, et dans un second qui a débouté de l'opposition. Cela à la vérite ne sera pas étonnant pour ceux qui connoissent les effets de l'amour-propre et la marche du cœur humain.

Duchesne avoit paru à l'audience pour y présenter une requête qui contenoit des conclusions préliminaires, tendantes à instruire avant tout sa plainte, qui ne furent pas écoutées.

Je n'avois pas dû me présenter moi-même alors à l'audience, parce que j'avois engagé devant la Cour de cassation, qui a rendu plusieurs arrêts successifs, une demande en renvoï de mes causes dans un autre ressort, motivée sur la ligue de certains avoués, qui, par leur connivence, ont tendu et tendent sans cesse des pièges aux juges pour les prévenir, les tromper et m'empêcher d'obtenir une justice égale comme elle doit l'être pour tous. La haute sagesse avec laquelle la Cour de cassation a prononcé, malgré l'évidence de mon droit, m'impose silence sur tout détail.

Ce fut le 27 novembre que fut rendu le premier jugement contradictoire contre Duchesne, et par défaut contre moi, et qui porte les condamnations qu'on a vues, assez frappantes pour être retenues, et trop pénibles pour être répétées.

Ce même jour 27 novembre, avant le jugement, une centaine d'avoués, dont quelques-uns m'avoient insulté, menacé plusieurs fois peu de jours auparavant, m'insultèrent par des huées en m'assurant que j'irois en prison.

Requêtes et actes déposés au greffe par Selves et Duchesne, sur le refus des greffiers et huissiers de les recevoir; insultes, menaces dans le palais, impunies.

J'allois au greffe déposer une requête avec témoins, comme Duchesne avoit été obligé d'y en déposer une lui-même, parce que le greffier n'avoit pas voulu en constater le dépôt, et des huissiers requis de les notifier au greffe s'y étoient refusés; car nous éprouvons toute espèce de tyrannie, et avec une telle violence que les magistrats encore sentiront la nécessité d'y remédier.

J'ajoutai à ma requête déposée ce jour-là, ma plainte des outrages que je venois d'éprouver dans la salle, et cette plainte comme celle de Duchesne a été laissée de côté! Est-il quelque chose de plus déplorable! Suis-je donc avec Duchesne hors la loi !

Ce fut le 16 décembre que la section des requêtes de la Cour de cassation jugea à propos, par des motifs que je dois approuver, de ne pas faire d'autre renvoi à Rouen, que ceux déjà faits de quelques causes civiles dans lesquelles elle a cassé des arrêts, et de dire que, pour les causes criminelles ou correctionnelles, comme celle-ci, je devois m'adresser à la section criminelle ; mais je n'ai pas jugé à propos de m'y adresser au moins encore.

Opposition au Jugement de défaut du 27 novembre par Selves.

Je me suis pourvu par opposition contre ce jugement du 27 novembre. J'ai inutilement établi à l'audience les vérités positives ici développées ; j'ai prêché dans le désert. Deux jeunes avocats, pour faire la cour aux deux avoués, ont débité tous les mensonges, toutes les injures qu'ils ont voulu. L'un d'eux, pendant plus de deux heures, a su faire consister toute sa plaidoierie dans une apostrophe curieuse, par la faconde avec laquelle il a proféré des mots presque toujours différens, et toujours de plus en plus insultans et grossiers. Mais ni l'un ni l'autre, en parlant beaucoup, n'ont pas dit un mot capable d'atténuer le nombre des faits que je viens de prouver authentiquement avec tant de scrupule.

Précipitation continuelle pendant les plaidoiries et le jugement de l'opposition.

Le premier jour que je me présentai à l'échéance de l'assignation, le président voulut commencer la cause sans me donner le temps d'achever et faire imprimer mon plaidoyer, qu'il auroit pu alors lire avec réflexion pour se préserver de l'erreur de confirmer le jugement de défaut. Il voulut absolument entamer sur l'instant même les débats, comme si le feu étoit

7

à la ville et comme s'il craignoit que je ne fusse pas
assez tôt en prison, et comme si en emprisonnant
ma personne, on espéroit emprisonner et abattre mon
courage.

Il fallut revenir entièrement prêt à la huitaine pour
continuer la cause, malgré qu'elle soit plus impor-
tante que s'il sagissoit de la vie, s'il falloit en juger
par la condamnation ; car d'après le fait, dieu merci,
on est déjà bien pénétré qu'il s'agit de moins que de
rien, et que tout ce qui se passe ne laissera que les
traces d'une horrible vexation. Pourquoi donc cette
précipitation ? Pourquoi empêcher que la chambre
civile nantie de l'affaire de Duchesne, juge la supplication faite pour cette affaire ? Car elle pourroit aussi
bien punir, puisque la loi lui en attribue expressément
le droit, si elle trouvoit que la supplication excède les
bornes de la défense ? Pourquoi cette précipitation ?
Mais c'est pour m'écraser plutôt et éviter d'approfondir
la question.

Les avocats et M. le procureur impérial eurent huit
jours pour me répondre, et me répondirent depuis
dix heures du matin jusqu'à cinq heures du soir.
Le président me disoit de répliquer de suite ; malgré
mes représentations, il ne me donna que du mercredi
au samedi, quoique je fusse malade et fatigué par un
crachement de sang gagné par les efforts faits pour
être prêt à plaider le mercredi précédent.

Je vins répliquer le samedi, je savois qu'une infinité de personnes soulevées par ce qui m'arrive,
devoient se trouver à l'audience ; quelques-unes y
étoient venues aux séances précédentes, pour écouter
et observer ce qui pourroit m'échaper. Je l'avois dit

le premier jour au tribunal, afin qu'il sût que je lui présentois une défense méditée avec un conseil, et qu'il fut plus attenttif.

Mais la salle d'audience ne fut qu'à moitié remplie par des avoués et leurs partisans ; j'y apperçus à peine deux ou trois de mes connoissances, je n'en connus la raison qu'après avoir répliqué. Je sus qu'aux deux portes d'entrée, deux sentinelles, par la consigne que donnoit un garçon de bureau, ne laissoient entrer à peu près personne ; que l'un de mes amis n'étoit entré qu'en forçant presque une sentinelle ; qu'un autre qui étoit à la première porte, près l'escalier, très-éloigné, n'ayant jamais pu entrer, après avoir écouté quelque tems, saisi par le froid, s'en alla, comme plusieurs autres, auxquels la porte fut opiniâtrement refusée.

On vouloit que je fusse isolé, seul, sans secours ; que mes amis ne pussent pas écouter, observer, me faire apercevoir mes omissions, quand les avoués et leurs partisans étoient des centaines. Quelle est donc cette puissance, ce despotisme des avoués ?

Je répliquai jusqu'à trois heures. Le président, qui ne m'écoutoit pas, et qui me voyoit fatigué, dégoûtant de sueur, paroissoit s'intéresser à moi. Il m'avoit dit si je voulois me reposer ; je lui avois répondu que ma santé n'etoit pas aussi précieuse que le tems du tribunal. Je le voyois en même tems s'occuper à lire et relire un papier de plusieurs pages ; je ne doutois pas que ce ne fût un jugement tout préparé, et je voyois que ma réplique, quoique soignée, n'étoit ni entendue, ni écoutée, et que j'étois jugé d'avance ; je m'arrêtois quelquefois en parlant,

7 *

pour lui faire sentir que je m'appercevois qu'il ne m'accordoit pas son attention , et que je le voyois occupé à autre chose ; ils discontinuoit son travail parasite , mais c'étoit pour le reprendre une minute après.

Ce président n'avoit avec lui que deux juges , dont l'un , qui n'est en fonctions que depuis moins d'un an , a eu pour patron précisément l'avoué Normand , dont il avoit été clerc peu de tems auparavant. Il a trouvé à propos de rester juge , malgré que je lui eusse fait dire que je le savois , afin qu'il vît ce qu'il avoit à faire.

Le troisième juge ne pouvoit cacher sa prévention ; il m'avoit dit plusieurs fois publiquement , pendant que je me défendois , que ce que je disois etoit pitoyable , sur-tout parce qu'il ne vouloit pas entendre qu'une instance de folle enchère à suite d'une licitation soit une suite d'instance , et une instance elle-même.

Il n'y avoit que ces trois juges dans le tribunal duquel émane le jugement attaqué.

M. le procureur impérial à son tour , et je ne crains pas encore de dire à son égard la vérité de ce qui s'est passé en public , parce que, s'agissant d'examiner un jugement atroce, il importe de faire connoitre tous les élémens qui l'ont produit. M. L. P. L. , dis-je, se permit , en me répondant une première fois , de m'accabler d'injures , il me reprocha que j'aurois dû faire appeler Duchesne du jugement du 13 mars, au lieu de faire pour lui la supplication, parce que , disoit-il, on étoit à tems à faire cet appel lorsque je fis la supplication , puisqu'elle avoit été remise par Duchesne, au parquet, avant le 24 juillet, expiration des trois mois. Remarquons d'abord en passant que voilà l'aveu formel que Duchesne avoit remis au parquet cette dénonciation imprimée, qui demande justice à tous les magistrats, comme il est certain qu'une autre, manuscrite, adressée à M. le procureur impérial seul, lui avoit été remise à lui-même, quelque tems auparavant ; car on sait qu'il reconnut mon écriture, lorsque Duchesne la lui remit.

Pourquoi ces plaintes, il faut le répéter encore, n'ont-elles pas été répondues, tandis que celle récriminatoire des avoués a été suivie avec tant d'activité, même à la requête de M. le procureur impérial ?

M. le substitut, qui a représenté dans toute cette cause M. le procureur impérial, auroit pu voir, en lisant la supplication, que loin que Duchesne pût fournir aux frais d'un appel, j'y avois dit que Duchesne, ruiné, n'avoit aucun moyen de faire aucune espèce de procès, et qu'il concluoit à être vengé par la discipline, ou par un réquisitoire du ministère public.

Il se seroit alors dispensé de m'adresser d'aussi violentes injures, car, il faut que je le dise, il alla jusqu'à me qualifier de *perfide*, d'*ignorant*, jusqu'à proférer que j'avois assassiné Duchesne en ne lui faisant pas faire un appel du jugement du 13 mars, qui ordonne la poursuite de la folle enchère ; sans s'apercevoir qu'à cet égard ce jugement n'est que préparatoire, et que lors même qu'il seroit définitif, Duchesne peut à la suite, devant le tribunal même, demander, comme il l'a fait aussitôt qu'il a pu trouver des huissiers , qu'il soit déclaré que les poursuites sont nulles et frustratoires ; qu'il n'y a pas lieu à la folle enchère ; mais encore que des dommages lui soient accordés , à cause de la témérité de la vente de ses terres.

D'un autre côté , en disant que c'est un assassinat de n'avoir pas fait appeler Duchesne du jugement du 13 mars , M. le substitut n'a pas aperçu non plus que c'étoit un aveu de sa part que c'est le jugement qui a ordonné la folle enchère qui est lui-même un assassinat , puisque , selon lui , dès que c'est être un assassin que de n'avoir pas fait faire par Duchesne un appel de ce jugement , Duchesne est donc fondé à se plaindre de la folle enchère.

Mais pourquoi alors M. le substitut n'a-t-il pas fait cesser lui-même tous ces assassinats par un seul mot , en faisant un réquisitoire contre les deux avoués , et en excitant le tribunal , comme la supplication prétendue calomnieuse le réclame , à s'armer de son glaive pour appliquer les lois qui portent les peines que ces avoués ont encourues , et prononcer en faveur de Duchesne les indemnités dues à ses souffrances , et faire ainsi tout finir ?

Et c'est moi , après cela , qui suis appelé perfide , ignorant et assassin de Duchesne , quand ce n'est que chez moi qu'il a trouvé des consolations et séché quelquefois ses pleurs ?

Eh ! qui m'en appelle ? C'est celui qui , préposé pour réparer le mal de Duchesne , n'écoute , ne poursuit que les plaintes récriminatoires de ceux qui l'ont ruiné , lui refuse tout secours , toute justice , et s'oublie jusqu'à injurier celui qui a eu pitié de lui. Les lois seroient-elles devenues des chimères ; la justice ne seroit-elle qu'un vain nom ; la corruption auroit-elle pris sa place, et auroit-elle usurpé définitive-ment le nom de civilisation ?

J'ai pu dire tout cela à mon tour à M. le subs-titut, parce qu'il est partie contre moi, et qu'alors j'ai toute la latitude d'une défense naturelle pour re-pousser tout ce qu'on me fait, tout ce qu'on me dit, quelle que soit la bouche, petite ou grande, qui le profère, sans que personne au monde ait le droit de prétendre qu'en cela je manque de respect à la magistra-ture.

M. le substitut fut si occupé de me dire des injures, qu'il ne songea presque pas à la cause ; ce ne fut que dans une seconde action qu'il donna des conclusions sur le double moyen d'incompétence que je proposois, quoique ce fût son principal devoir, et il ne le fit que parce que, dans ma replique j'osai lui faire aper-cevoir qu'il l'avoit oublié, et qu'il avoit été trop pressé de conclure au fonds pour me faire condamner.

On a vu quel est ce double moyen d'incompétence ; il est pris : d'un côté, de ce que la supplication pré-tendue calomnieuse n'est que le récit et la dénoncia-tion d'une instance civile frustratoire et punissable, et qu'alors, selon la loi, c'est au juge civil à apprécier cette supplication ; d'un autre côté, que quand cette instance n'existeroit pas, il faudroit encore, selon le texte de la loi, instruire la dénonciation avant d'ins-truire la prétendue calomnie.

Il falloit donc, avant tout, par cette double incom-pétence, rejeter la plainte en calomnie.

Mais M. le substitut, en convenant qu'il avoit en

effet oublié de conclure à cet égard , quoique ce fût toute la cause , nia hautement qu'il y eût instance au civil , et prétendit d'ailleurs que les plaignans avoient la faculté de s'adresse ou au civil ou au correction- nel. Quant à l'instruction préalable de la plainte de Duchesne , quoiqu'elle ait été d'abord faite en ma- nuscrit , adressée à M. le procureur impérial , et puis réitérée par la supplication adressée à tous les magis- trats , qu'on convient avoir été remise aussi à M. le procureur impérial et à M. le président civil , pour demander justice ; M. le substitut imagina de dire , comme l'avoient dit aussi les avocats de Lemit et Nor- mand , que par le fait , elle se trouvoit instruite , quoi- qu'il n'y ait eu ni témoins entendus , ni interpellations aux inculpés , ni juge instructeur saisi.

Enfin , le tribunal , à trois heures , après que ma réplique fut terminée , s'étant retiré dans la chambre du conseil, rentra une heure après , et à quatre heures un quart , avec le jour , et sans lumière , fit ce qu'il n'au- roit pas fait un quart d'heure plus tard , comme le Journal de Paris en est convenu , en se rétractant d'avoir dit à cinq heures , il prononça un juge- ment de quatre pages , qui prit environ dix minutes pour la lecture. Sa mise au net couvre plus de deux pages de grand papier d'une écriture menue. Il est d'ailleurs conçu dans des expressions , avec des phrases et par des tournures à coup sûr long-tems étudiées.

Il est alors bien évidemment impossible que le tribunal de trois juges ait eu le tems de délibérer sur chaque question , la discuter , la rédiger , écrire le tout , et le relire dans une heure , qu'il resta dans la salle du conseil. La rédaction en étoit nécessairement toute faite d'avance, ce qui confirme ce que j'ai dit, qu'avant le jour de ma dernière plaidoirie, et avant de m'entendre, le jugement étoit préparé, et que pendant que je plaidois, au lieu de m'écouter, le président le lisoit et relisoit; je sentois si bien en plaidant que ce que je disois étoit inutile, et que la prévention étoit insurmontable; que j'avois été tenté plusieurs fois de discontinuer ma plaidoierie et de m'en aller, pour éviter au moins d'augmenter mes fatigues.

Je préférai cependant continuer, et me reposer d'avance sur l'austérité des juges supérieurs.

Jugement du 15 janvier, qui déboute de l'opposition.

Ce fut le 15 janvier que ce second jugement, qui débouta de l'opposition, fut rendu, et qui malgré les impostures, évidentes par les pièces, que les avoués ont fait glisser dans les motifs du premier, le confirme, et qui encore, dans ses deux grandes pages, donne des motifs nouveaux, conformes aux allégations des avoués

Observation sur la requête imprimée de Duchesne, qui a aussi pour titre la Ruine à la mode, et qui a été supprimée par le Jugement attaqué.

Ce second jugement ajoute une disposition pour supprimer un écrit fait pour la défense d'Amable Duchesne, qui a le double titre de, *la Ruine à la mode*, et de *Requête*, avec une petite gravure en tête, qui présente aux yeux sa véritable situation, en le peignant devant la justice, soutenu par moi, lorsque des per-

sécuteurs voudroient me l'arracher et le faire punir ,
comme ils le tentent dans le procès actuel , parce qu'il
a osé se plaindre qu'ils l'ont ruiné ; car l'inscription
qui est au bas de la gravure, loin d'être injurieuse,
se plaint à la justice même, devant laquelle il se trouve,
en disant : « Je me plains qu'ils m'ont mis à la men-
» dicité ; ils veulent m'en faire punir et m'arracher
» mon bienfaiteur ! »... Et Duchesne est là, attendant
que la justice fasse cesser ses souffrances.

Tandis que cela n'a été fait que pour mieux toucher la justice, pour rendre la défense de Duchesne
plus saillante ;   tandis que la requête qui suit démontre
qu'on l'a ruiné aux criées, comme tant d'autres y sont
ruinés chaque jour, et que c'est uniquement pour faire
mieux sentir le sujet que sa requête traite, qu'il a
été ajouté le titre vague de *la Ruine à la mode* ; tandis qu'une réunion de personnes charitables ont eu
la très-louable idée de procurer à Duchesne, par
la vente de ce petit livre, quelques secours pour
rendre plus supportables sa faim et sa nudité, car il
a été mis exactement et dans toute la force du terme à la
mendicité par les deux avoués ; ils ont eu le courage
de faire envisager cette gravure comme injurieuse ,
lorsque, dans ce petit livre même, Duchesne ne se
présente devant les magistrats qu'avec sa défense et
ses conclusions très-humbles , précisément pour dire
qu'il demande et espère justice.

Ensorte que, lorsque tout est supplication de la
part de ce malheureux pour obtenir justice, et quand,
lors même qu'il ne seroit pas suppliant et garderoit
le silence, tout devroit, même d'office, être inter-
prêté en sa faveur dans le sens le plus louable, on

se torture l'esprit pour faire des suppositions , ima-
giner des idées qui le rendent blâmable.

Y a-t-il quelque puissance qui ait le droit de blâmer celui qui trace le souvenir de quelque circons-
tance de sa vie par des peintures allégoriques ?

Si Duchesne , aidé par ceux qui veulent le soulager , trouvoit encore quelqu'artiste qui voulût graver
la scène où Normand fait avec Duchesne la lutte des
mains , au greffe , sur le reste des napoléons , et les
saisit plus vîte que le vieillard ; et graver encore Lemit,
lorsqu'il faisoit le juge , le greffier et l'avoué , qu'il
écrivoit sur le registre le jugement du 5 février , et
donnoit faussement à Duchesne , Bouland pour avoué ?
Est-ce que Duchesne ne pourroit pas adopter ce nouveau bienfait , s'il croyoit cela propre à mieux faire
juger sa situation et les divers maux qu'on lui a faits ?
Chacun ne peut-il pas développer , établir ses plaintes ,
se défendre et convaincre par tous les moyens propres
à remplir son but ?

Je n'ai plus qu'à examiner les suppositions employées
pour motiver le jugement attaqué , et à les rapprocher
rapidement des actes authentiques qui prouvent qu'elles
sont tout-à-fait odieuses.

J'indiquerai ensuite en peu de mots les moyens d'appel qui termineront cet écrit.

Suppositions employées dans les motifs du Jugement attaqué.

Les motifs du jugement de défaut , prononcé le 27
novembre , ont supposé qu'il y a calomnie , quand la
supplication a dit :

Que Lemit a fait une procédure frustratoire , et que cinq avoués ont fait cinq mille francs de frais.

Et que Normand s'est moqué de Duchesne , et n'a pas daigné remplir son devoir , après lui avoir attrapé ses trente napoléons.

En ce qui touche d'abord Lemit , pour faire croire que la procédure qu'il a faite n'est pas frustratoire , le jugement fait les suppositions suivantes , contre lesquelles je rappellerai succinctement quelqus–uns des faits positifs qui les ont d'avance démasquées.

1º Attendu , dit le jugement , que Lemit a procédé en vertu de jugement et d'arrêt qui ordonnoient la vente , etc.

Lemit , en faisant accueillir ce motif , a voulu faire entendre que les deux neveux , ses parties , lui ont remis le jugement qui ordonnoit la vente , et l'arrêt qui déclara l'appel non recevable , par l'irrégularité de l'exploit , et qu'il a dû aveuglément faire vendre les biens qui se trouvoient désignés dans le jugement.

Tandis qu'on a vu au contraire que la prévarication première et fondamentale de la mauvaise procédure a été commise par Lemit lui-même , en mettant les deux neveux , qui étoient d'accord , en procès en apparence entre eux à Paris , et en y appelant ensuite Amable et tous ses biens à tort et à travers , comme s'ils étoient communs , et que c'est lui qui a fait rendre le jugement qui ordonne la vente des biens tels qu'il les a désignés , et qu'ainsi la confusion des biens et la supposition qu'ils étoient communs est l'ouvrage de Lemit seul.

Ensuite , quand il seroit aussi vrai qu'il est faux , que les neveux lui eussent apporté le jugement et l'arrêt tout disposés, dès que l'arrêt même, sans compter les autres actes que Lemit a dû nécessairement lire, porte qu'il y a eu un partage; par cela seul, quand il n'y auroit pas une infinité d'autres raisons, il ne devoit pas plus exécuter le jugement, pour vendre les biens par licitation et comme indivis, qu'un huissier ne doit exécuter une condamnation contre un débiteur, quand il voit la quittance, ou qu'un bourreau ne doit exécuter le prétendu condamné, quand on lui montre une erreur de nom, ou la grace.

2° Attendu, continuent les motifs, que Lemit, loin d'avoir fait une procédure *monstrueuse*, est parvenu à amener les neveux de Duchesne à un arrangement pour payer ses créances hypothécaires, qui excédoient de beaucoup le tiers, et à payer tous les frais, et à laisser Duchesne paisible possesseur des bâtimens, etc.

Autant de mots, autant de suppositions encore.

D'abord il n'est pas vrai que la supplication ait dit, quoiqu'elle pût le dire, que Lemit a fait une procédure *monstrueuse*; elle a dit seulement *frustratoire*, et c'est l'inclination à tout envenimer qui encore ici a changé le mot pour arriver à dire qu'il y a calomnie.

Où est ensuite l'arrangement que Lemit allègue avoir fait faire entre Amable et ses neveux, quand on a vu que Lemit n'offroit au vieillard que l'usufruit des chétifs bâtimens, sans aucune ressource pour vivre ?

Où est la preuve qu'Amable n'eût que le tiers, et qu'il fût insuffisant pour ses deux dettes de 1440 fr., quand ses biens étoient distincts et séparés, comme cela a été si clairement expliqué, et qu'ils valoient sept à huit mille francs, et trois fois plus que ceux de ses neveux ?

Comment Lemit a-t-il osé faire dire par ce jugement, que les neveux ont payé tous les frais et ont laissé
l'oncle paisible possesseur de tous les bâtimens, lors--
que Lemit n'a cessé, pendant dix-huit mois, après
la vente, par une infinité d'actes et de jugemens,
de demander les frais et le prix des bâtimens, et à
défaut de paiement, de faire des actes pour la folle
enchère, jusqu'à ce que j'ai osé indiquer à Duchesne
le moyen d'arrêter cette cupidité ?

3° Attendu que, de l'aveu de Duchesne, résulte
la preuve qu'il n'a jamais été poursuivi de folle enchère par Lemit ; que s'il y a eu un commencement de
poursuites, jamais Duchesne n'en a ressenti les effets,
ni payé aucuns frais.

Quelle hardiesse que de supposer, jusqu'à des
aveux, qu'un fait n'existe pas, quand il y a, et
que nous rapportons les actes sans nombre de la
poursuite de folle enchère ; car après ce que Lemit
appelle un commencement de poursuites qui, selon
lui, à l'audience n'auroit duré que jusqu'au 5 février
1812, époque du prétendu versement dont il dit qu'il
se contenta, on voit que, sur-tout le 9 mars, il fait
sommation à Duchesne de payer, et annonce qu'il va
poursuivre la folle enchère en exécution d'un jugement prétendu contradictoire du 8 janvier. Cette sommation est suivie d'une infinité d'actes et d'un autre
long jugement rendu entre cinq avoués plus d'un an
après, le 13 mars 1813, signifié le 24 avril, dans
lequel il fait ordonner que les poursuites de folle enchère, seront continuées ; et elles n'ont été interrom-
pues que par les plaintes que j'ai fait faire par Duchesne. C'est encore une supposition si téméraire, de

dire que Duchesne n'a pas ressenti les effets de la folle enchère ; qu'après qu'on lui avoit déjà fait subir mal-à-propos une vente , on fait ordonner par ce jugement de mars la continuation des poursuites de folle enchère ; et quand personne n'osoit le défendre en conformité de la consultation de M. Hemery , on l'a fait accabler par une condamnation à tous les dépens dans le jugement , envers cinq avoués , ce qui d'avance mange tout le prix qui pourroit provenir des chétifs bâtimens qui seroient revendus par la folle enchère.

Voyez à quelle honte, à quelle punition ne s'est pas exposé Lemit, en faisant dire, dans ce motif, qu'il n'y a pas de folle enchère, et que Duchesne n'en ressent aucun effet ; quand, à chaque instant, elle peut être consommée pour l'expulser de sa chaumière, le jeter à la rue, après qu'on lui a dévoré ses terres et son argent, et qu'il doit encore des dépens dont il est criblé, et quand cette folle enchère existe si bien, qu'elle est seulement suspendue, et qu'elle est comme le glaive déjà levé pour trancher la tête d'un innocent.

— 4° Attendu, est-il dit encore, que jamais les meubles de Duchesne n'ont été saisis, et que c'est méchamment et calomnieusement que cela a été dit dans la supplication de Duchesne.

Mais nous rapportons une foule de pièces authentiques, notamment le commandement du 31 décembre 1812, la saisie du 13 mai 1813, la nouvelle assignation pour vendre le 31 mai, autre assignation pour vendre le 3 janvier 1814, le tout supendu seulement par les sollicitations du maire, par mes supplications écrites au percepteur, et par son humanité qui, malgré la faveur des contributions, n'a pu se décider à augmenter les souffrances de Duchesne, en le dépouillant de son chétif mobilier, et à aggraver ainsi sa détresse causée par les deux avoués.

Lorsqu'au préjudice de ces pièces si authentiques, et les prévenances, les démarches d'honnêteté faites auprès des avoués, et sur-tout de Normand, pour mettre fin aux tourmens de Duchesne, en lui disant sur-tout qu'il avoit ses meubles saisis pour les contributions, lorsque le maire l'a répété à l'audience, et que le malheureux le crie partout avec ses pièces à la main, il y a un jugement qui, dans ses motifs, nie hautement l'existence de la saisie, et accuse de calomnie l'écrit qui parle de cette saisie ; on est tenté, lors même qu'on a la saisie à la main, de douter si véritablement elle existe, comme on doit douter des rouleurs en les voyant ; mais s'il faut croire à l'existence de la saisie, quand on la touche, quand on la voit, l'acharnement ne subira jamais de punition assez forte pour servir d'exemple contre les hommes tels que Normand et Lemit qui ont osé induire les juges à nier cette saisie.

5° Attendu, ajoutent les motifs, que c'est de mauvaise foi, sans aucune preuve, et calomnieusement que la supplication dit, qu'il a été fait cinq mille francs de frais par cinq avoués ; Lemit a ajouté en plaidant qu'il n'en avoit pas été fait le cinquième.

On a vu la réponse ; outre qu'une expérience ordinaire, en voyant quelques copiés, peut évaluer à peu près la quantité des frais d'un procès, nous avons indiqué des articles qui seuls prouvent qu'il y en a au moins pour six mille francs. Pourquoi Lemit, qui le conteste, refuse-t-il les états de frais, que lui-seul doit et peut donner ; et qu'on l'a requis de fournir, même par des sommations ?

Je passe aux suppositions avec lesquelles le jugement a essayé de justifier Normand.

En ce qui touche Normand, pour essayer de faire croire qu'il ne s'est pas mal conduit, il est dit :

Attendu que le surplus des six cents francs a été remis par Bouland, successeur de Normand, à Lemit, avoué poursuivant, ainsi que cela est prouvé par le jugement du 5 février 1812 ; que dès-lors celui-ci *a eu ou pu avoir pleine et entière connoissance* de l'emploi de la totalité des six cents francs ou des trente napoléons ; que c'est donc méchamment et dans l'intention de calomnier Normand que Duchesne a publié l'écrit intitulé : Supplication, etc.

En rappelant ce qui a été dit de la conduite de Normand, quand il a abusé de la crédulité de Duchesne, en prenant son pouvoir et son argent, et contractant l'obligation d'être adjudicataire de tous les biens, quand il ne l'a pas fait, quand il n'a pas rendu l'argent, quand il a empêché de le reprendre, et que de plus il l'a repris lui-même par violence ; quand, lors même que ce qu'il dit seroit vrai, et que l'argent, dont il a été mis en possession en octobre, auroit été versé chez Lemit le 31 décembre ou le 5 février, et qu'il n'auroit pas voulu se l'approprier, et qu'il en auroit seulement fait usage ou qu'il en seroit seulement resté en possession, il y auroit dans tout cela plus qu'attrape, surprise, tromperie, et l'existence du jugement du 5 février ne l'empêcheroit pas.

Mais il y a bien une prévarication, une perversité plus grande, quand on dit que Duchesne *a eu ou pu avoir pleine connoissance de l'emploi* du surplus des six cents francs, par le prétendu jugement du 5 février 1812, et que c'est méchamment et dans l'intention de calomnier Normand, que la Supplication a été faite.

Qu'on rappelle ce que c'est que ce prétendu jugement du 5 février, ce que j'en ai dit, ce qu'on peut dire contre son existence, contre sa date, contre les faux patens qu'il renferme, et cont recelui qui l'a fabriqué. Qui osera dire si Duchesne ou moi, lorsque j'ai rédigé la Supplication, pouvions penser qu'un tel jugement existoit, et que Normand avoit versé ou fait verser par Bouland, dans les mains de Lemit, le resté des 30 napoléons ; que Lemit étoit content, et n'avoit plus songé depuis à parler de folle enchère?

Tandis que Lemit n'a jamais parlé de ce prétendu jugement du 5 février, et que loin de l'avoir fait expédier, signifier, et d'avoir annoncé qu'il ne feroit plus rien pour la folle enchère, il a dit et écrit le contraire dans les actes signifiés à Duchesne ; il lui a fait la sommation du 9 mars pour notifier un jugement rendu le 8 janvier, qui ordonnoit, disoit-il, contradictoirement la continuation de la folle enchère, et qu'il déclaroit qu'il poursuivroit, si le malheureux ne payoit dans trois jours et les frais et le principal de l'adjudication. De plus, sans cesse depuis il a répété la même chose, les mêmes protestations dans une infinité d'actes. Il a fait rendre le jugement de mars 1813, et fait condamner Duchesne aux dépens envers toutes parties.

Et quand c'est Lemit lui-même qui, par tous ces actes, dit à Duchesne qu'il n'a pas payé, qu'il lui fait sommation de payer et les frais et le principal de l'adjudication, pendant dix-huit mois, et qu'il fait ordonner la continuation de la folle enchère ; et que pour arrêter cette folie, nous faisons une Supplication qui s'en plaint et demande qu'on punisse cette poursuite frustratoire et tortionnaire, il vient nous dire que nous le calomnions sciemment, parce que *nous avons su où pu savoir* qu'il y avoit dans la poussière du greffe un prétendu jugement écrit et fabriqué de sa main, qui constate qu'avec des deniers de Duchesne on lui a fait un versement dont il s'est contenté, et depuis lequel il n'a plus songé à la folle enchère ; et il fait dire dans le jugement sur la prétendue calomnie, que nous avons avancé un fait faux, sachant qu'il étoit faux, et il fait prononcer des peines terribles !

Il faut avoir promis la plus grande modération, malgré la latitude qu'exige la défense, il faut être doué de la plus grande patience pour ne pas qualifier de scélératesse cette partie de la conduite de Lemit et Normand, quand on les voit s'armer de ce prétendu jugement du 5 février, pour soutenir que depuis il n'a plus été question de vexer Duchesne et d'achever de le spolier par la folle enchère, et nous imputer d'avoir proféré, en le disant, un faux sciemment.

Dieu lui-même ne pourroit pas dans cette occasion résoudre notre argument, contraire à ce que dit Lemit, quand nous soutenons ou que le prétendu jugement du 5 février, donnant acte du prétendu versement, est faux, et qu'il est faux aussi qu'il n'ait plus été question depuis de folle enchère ; ou bien que les actes faits depuis le 9 mars 1812 jusqu'au 24 avril 1813, date de la signification du jugement, faits pour poursuivre la folle enchère sont nécessairement faux eux-mêmes. Si donc l'un ou l'autre est nécessairement faux, si l'un détruit l'autre, si tout émane des deux avoués, et sur-tout de Lemit, il demeure constant que c'est Lemit et Normand eux-mêmes qui disent sciemment des faits faux, qu'ils font résulter des pièces fabriquées par eux-mêmes. Et ce sont eux qui sont des calomniateurs, quand ils nous accusent d'avoir calomnié, et même des faussaires.

C'en seroit trop de cette conduite sur ce point, pour infliger des peines à Lemit et Normand.

2°. Attendu, dit un autre motif, que c'est encore dans l'intention de calomnier Normand, que Selves et Duchesne ont dit que Normand n'avoit pas eu l'*honnêteté*, après avoir attrapé les trente napoléons, de s'opposer à la vente, et qu'il est constant, par l'adjudication, que Normand a fait des réserves, etc.

Encore ici un changement d'expression pour aggraver nos prétendus torts, en nous reprochant d'avoir dit que Normand n'a pas eu l'*honnêteté*, etc., quand la Supplication, quoiqu'elle eût pu le dire, porte seulement que Normand *n'a pas daigné*. Quelque légère que soit cette différence, il n'y a personne qui n'apperçoive par cela seul la passion, et ne trouve que c'est cette substitution d'un mot à un autre, qui est très-*malhonnête* elle-même.

Est-ce ensuite avoir eu l'intention de calomnier Normand, quand on a dit qu'il n'a pas daigné s'occuper de Duchesne après lui avoir attrapé son argent, lorsque Normand avoit contracté l'obligation, s'il ne pouvoit pas s'opposer à la vente, de faire des réserves et d'être adjudicataire de tout, pour faire valoir ensuite les réserves, et lorsqu'il ne fait que des réserves et trompe Duchesne, prévarique, le ruine en ne se rendant pas adjudicataire, et en retenant par force la plus grande partie de l'argent destiné à l'enregistrement de l'adjudication ?

Le jugement n'a-t-il pas favorisé ouvertement Normand, en supposant que parce qu'il a fait des réserves, sans autre chose, sans daigner autrement s'occuper de Duchesne, il a rempli son devoir ?

Une Supplication qui expose les faits, demande justice au juge civil nanti du procès, et d'examiner la conduite de Normand et lui appliquer les lois faites pour des cas pareils, n'est-elle pas tout-à-fait à sa place ? Peut-il être question de calomnie, sur-tout avant que le juge civil ait jugé ? N'est-ce pas encore une Supposition de prétendre qu'en se défendant ainsi, dans l'instance civile, par une Supplication, on a eu intention de calomnier ce retentionnaire des napoléons de Duchesne ?

Motifs du Jugement étrangers à l'affaire Duchesne, et faisant allusion aux ouvrages de J. B. Selves.

Faut-il réfuter encore deux ou trois autres motifs de ce jugement de défaut du 27 novembre, qui disent qu'en servant Duchesne, je n'ai pas eu l'intention de servir le malheur et la vieillesse ; que j'exerce dans l'état, sans mission et sans droit, une censure terrible et arbitraire, etc.

Il seroit trop affligeant que j'eusse encore besoin de dire quelque chose pour éclaircir si Duchesne n'est pas un vieillard malheureux, ruiné par l'avidité de deux avoués , et si j'ai été mû autrement que par ma sensibilité à son malheur , après avoir résisté six mois à son importunité et n'avoir cédé qu'à sa misère extrême , à l'intérêt qu'inspire la pureté de ses mœurs, son âge , son état , et à celui que m'ont inspiré les hommes qui me l'ont recommandé , après plusieurs prévenances que j'ai fait faire par Duchesne aux avoués eux-mêmes , après mes offres pour tout éteindre dans le secret. Est-il permis , après cela , de douter encore de mes intentions ?

Je n'ai pas à prouver si c'est chez moi , qui ai fini par recevoir , consoler et soulager Duchesne , ou chez les deux avoués qui l'ont ruiné , que se trouve une bonne ame.

Pourquoi ce jugement , en disant que je suis sans qualité , sans mission , sans droit ; et que j'exerce dans l'état une censure terrible et abitraire , se permet-il ainsi de faire allusion à mes ouvrages ? Est-il concevable qu'on ait pu faire oublier dans ce jugement qu'il ne s'agissoit que d'examiner l'affaire particulière de Duchesne , et qu'il falloit même d'abord se borner à une question d'une double incompétence , fondée sur les articles 372 et 377 du Code pénal , qui est la seule chose que j'ai proposée dans mes conclusions ?

Pouvoit-on , sans le desir de proférer au plutôt des injures et de condamner au fond , faire cumuler et juger dans le même instant et le fond et la compétence ?

Pourquoi , d'ailleurs , quand on auroit pu s'occuper dans ce jugement de mes ouvrages , m'insulter , ainsi que tous les hommes intrépides qui osent écrire ce qu'ils regardent nécessaire au bonheur commun ?

(119)

Pourquoi prétendre et dire, dans ce jugement , que
je suis sans qualité , sans mission pour faire des écrits
tels que ceux que j'ai publiés , et alléguer que j'exerce
dans l'Etat une critique arbitraire et terrible ?

Quand je n'aurois pas été revêtu , il y a près de
40 ans, du titre d'avocat , et pendant plus de 20 ans
de celui de magistrat , montrant sans cesse la plus
grande austérité ; et quand, contre toute humanité ,
on pourroit, quand on n'est plus en fonctions , se
délier du serment qu'on a fait en pareil cas , d'employer ses études et son expérience à défendre et pro-
téger la veuve , l'orphelin , les opprimés et tous les
malheureux , n'y a-t-il pas le droit naturel qui permet
de porter de l'eau dans la maison du voisin qui brûle ,
et de faire et d'écrire tout ce qu'on croit propre à
dévoiler les perfidies et perfectionner les institutions
humaines , ou contribuer au bonheur , ou adoucir le
malheur de quelqu'un de nos semblables , comme l'ont
fait souvent, avec succès et gloire , tant de grands
hommes en s'élevant contre les oppressions et les oppresseurs.

S'il le falloit encore , ne puis-je pas prouver que,
déjà en l'an 8 , par une commission particulière dans
mes fonctions , je commençai mes recueils des désordres , que j'ai continués par des recommandations
supérieures ; que j'en a fait profiter la législation de
mon pays lors de la refonte des Codes , en choisissant
souvent des fragmens qui me paroissoient importans
dans le moment où je voyois qu'on traitoit certaines
matières , et que je faisois passer successivement aux
fonctionnaires qui en ce temps-là ont présidé la section de législation du Conseil d'Etat , et qui me fai-

soient toujours l'honneur de m'en remercier , même par écrit ?

N'ai-je pas aussi différentes lettres officielles et ministérielles qui prouvent que lorsque j'ai eu mis en ordre mes manuscrits , j'ai porté ma générosité jusqu'à vouloir les laisser secrets et les sacrifier à des membres du Gouvernement qui étoient et dont certains sont encore à la tête de l'administration de la justice , afin qu'ils en fissent leur profit pour remédier , dans leurs opérations particulières , peu-à-peu , aux excès que j'ai dévoilés ?

N'ai-je pas les preuves écrites que , tantôt ils ont envoyé eux-mêmes mes manuscrits à la censure , tantôt ils me les ont rendus pour les y porter moi même , afin de les publier s'ils étoient approuvés , et dans la juste idée que leur publicité pouvoit déjà calmer le mal , en intimidant ceux qui le font ?

Mes écrits n'ont-ils pas subi l'épreuve de la censure avec éloge , puisqu'ils ont été inscrits dans les feuilles hebdomadaires , envoyés au chef de l'Etat avec des notes qui disent que le but en est louable ?

Le public , en épuisant trois éditions dans quatre mois , n'en a-t-il pas consacré à jamais l'utilité , n'en a-t-il pas ressenti , n'en ressentira-t-il pas de plus en plus les effets salutaires ; car ils démontrent qu'on peut arriver jusqu'à diminuer de cinq sixièmes , au profit des justiciables , les exactions que j'ai constatées par des faits , sans aucun préjudice pour le fisc ?

La persécution elle-même dont on me fait l'honneur de m'accabler , et même la cause actuelle seule ne suffiroit-elle pas pour être convaincu que je n'ai pour but que l'éclat de la vérité et de la justice, qu'on redoute mes ouvrages et leurs infaillibles effets ; qu'ils ne sont pas une censure arbitraire , mais fondée sur des faits épouvantables , qui effrayent si fort mes oppresseurs , qu'ils voudroient m'anéantir pour m'empêcher de continuer d'écrire. Prendroient-ils cette peine , si mes écrits étoient des rapsodies, s'ils devoient tomber d'eux-mêmes et s'ils ne leur inspiroient aucune crainte ? Du reste , quoi qu'il en soit de mes ouvrages , pourquoi en parler , pourquoi s'en occuper dans une affaire particulière et qui leur est étrangère , pourquoi ne pas les livrer au sort, bon ou mauvais , que le tems leur réserve ?

En voilà assez , et trop , pour prouver , encore une fois , quelle est la passion , quelle est la véritable cause du jugement et de son iniquité , et pour faire dire par tous les hommes sages et sensés , et dont la plupart l'ont déjà dit , que des punitions pareilles , si elles étoient exécutées , ne seroient que des monumens de la plus odieuse oppression , et des brevets d'honneur pour les opprimés.

Réfutation des motifs ajoutés dans le Jugement du 15 janvier.

Il faut ajouter ici quelques mots contre les motifs que le jugement du 15 janvier, qui a débouté de l'opposition , porte de plus que ceux du jugement de défaut du 27 novembre.

Ce jugement du 15 janvier a essayé d'abord de répondre aux deux moyens d'incompétence pris.

L'un , de ce que la Supplication prétendue calomnieuse n'est relative qu'à une instance civile encore pendante, et de ce que, d'après l'art. 377 du Code pénal, c'étoit au juge nanti, à apprécier cette Supplication. Le jugement s'est contenté de répondre que cette instance n'existoit pas.

L'autre, de ce que lors même que cette instance civile n'existeroit pas, il auroit fallu, suivant l'article 372, instruire les faits dénoncés par la Supplication comme punissables, avant de s'occuper de la plainte en calomnie. Le jugement se contente de répondre que la Supplication n'est pas une dénonciation adressée au ministère public, comme il le faut, dit-il, pour appliquer cet article.

Dans les moyens d'appel qui vont être tout à l'heure proposés, ces deux prétextes pour éluder les lois qui établissent une double incompétence seront réduits à leur valeur.

Au fond ce jugement, chose incroyable, laisse subsister toutes les suppositions insérées pour motifs dans le jugement de défaut, et ajoute :

En ce qui touche Lemit, qu'il a pu vendre de bonne foi par licitation, les biens comme communs, parce que dans l'acte du 27 frimaire, lors duquel Amable et son frère empruntèrent 1200 fr., solidairement au maçon Hardelle, ils avoient hypothéqué leurs biens *comme indivis* ; tandis que non seulement Lemit a connu l'acte du même jour entre les mêmes parties qui, en disant que l'emprunt ne regarde qu'Amable, ratifie et veut de plus fort l'exécution du partage des biens : puisqu'on sait que Lemit, dès le premier jour, a dit, dans l'assignation, que la dette de 1200 fr. regarde Amable seul ; et que de plus, il a fait lire à l'audience cet acte du 27 frimaire, qui ratifie le partage. Nous avons cité aussi plusieurs autres actes qui constatent les partages, datés de 1773, et de brumaire an 4, et l'arrêt du 9 juillet 1811 qui les renferme, et nous avons indiqué les occasions où il a été fait des discussions d'après ces actes et en présence de Lemit. Et il ose dire les avoir ignorés!

Mais le jugement n'a rien dit sur la prévarication originelle d'avoir commencé le procès en faisant assigner les deux neveux l'un par l'autre à Paris, pour y appeler Duchesne. Par cela seul tout seroit honteux, tout devroit retomber sur Lemit, quand il seroit aussi vrai qu'il est faux qu'il n'eût pas connu le partage.

A l'égard de Normand, ce jugement a voulu faire entendre que parce que Duchesne signa sur le registre au greffe, pour accepter l'élection de command des bâtimens, cela forme une espèce de non-recevoir pour se plaindre de ce que Normand avoit manqué à son devoir, à son obligation, en laissant adjuger à d'autres les terres.

Ce jugement n'a pas pourtant osé dire que ce fut aussi une fin de non-recevoir contre la scène postérieure, lorsque Normand empêcha Amable de reprendre ses napoléons, ce qui seul accable Normand.

Le jugement dit que nous aurions dû avoir d'avancé la preuve des reproches faits à Normand et Lemit, dans la Supplication, parce qu'il raisonne toujours comme si la Supplication n'avoit pas pour cause une instance, et n'étoit pas une défense, et une doléance contre cette instance, et comme si une dénonciation de faits punissables, si une plainte, avant même d'être instruite, étoit une calomnie.

Le reste du jugement ne présente que des phrases et des déclamations produites encore par la colère contre mes ouvrages. Aussi je ne prends pas la peine de les retracer.

Mais ce qu'il ne faut pas omettre ici, c'est la réflexion que doivent faire tous ceux qui auront lu attentivement, et bien saisi les faits.

Ils se demanderont comment, lorsque le jugement de défaut du 27 novembre avoit adopté pour motifs des suppositions atroces, démontrées par des actes authentiques sur chaque point, et qu'il en avoit fait la base des condamnations à de peines plus atroces encore que ses motifs, le jugement rendu sur l'op-position a confirmé ce jugement de défaut? Cela, diront-ils, est encore plus atroce que tout le reste, c'est abominable.

Oui ! ce jugement, en déboutant de l'opposition, a laissé subsister les impostures, les suppositions ré-voltantes des motifs du jugement de défaut, malgré les actes authentiques qui en font la honte.

Il reste constant dans ce jugement, que la pro-cédure de fausse licitation n'est pas frustratoire, que les biens sont communs, et que Duchesne n'en a que le tiers ; que Normand n'a pas trompé Du-chesne, que le prétendu jugement du 5 février avec tous ses faux patents, vaut mieux, mérite plus de foi que les cent actes postérieurs, dans lesquels les avoués ont dit le contraire ; que les poursuites de folle enchère n'ont pas été suivies et que Duchesne n'en a rien ressenti , malgré les cent actes et les jugemens qui le prouvent et qui l'écrasent en frais , sans qu'il ait pu se faire défendre d'après une consultation très-simple et très-juste pour faire réparer les torts des avoués par un seul mot. Ce jugement confirme qu'il n'a jamais existé de saisie sur ses meubles ; quand il porte la saisie et une infinité d'actes faits avant et après.

Que ne pourrois-je pas dire dès que les juges ont laissé subsister de pareilles horreurs , qui font que ce jugement seroit un monument de la plus affreuse iniquité , s'il n'étoit pas anéanti ? Mais, patience. La modération que j'ai promise dans cet écrit sera conservée.

Idée des suppositions précédentes dans une infinité d'affaires, pour ruiner J. B. Selves.

Il entreroit ici dans mon sujet , dès que j'ai à prouver l'oppression, et si je ne voulois pas abréger, de faire voir que, depuis plus de dix ans j'ai été continuellement à la merci des suppositions pour me nuire dans des intérêts civils des plus importans , et que ce vieux esprit qui m'opprime a su sans cesse exciter des préventions , refuser, intercepter même presque toujours ma défense impunément, et en trompant les juges.

On verroit une première supposition qu'un huissier avoit remis des copies d'une notification de vente , et l'impunité de ce faux par des orgies scandaleuses , qui causa la perte d'une hypothèque considérable ;

On verroit une supposition, une résurrection de

deux hypothèques sur mes biens, l'une de quinze mille francs, l'autre de cent mille, et malgré la découverte authentique des actes d'extinction, on a vu par des évasions, des détours continuels empêcher d'obtenir justice. Jusqu'ici la créance de quinze mille francs a été seule déclarée fausse. La supposition de celle de cent mille francs, avouée même en dernier lieu à l'audience de la cour impériale le 15 novembre dernier, est encore impunie. On verroit :

Supposition de 80 requêtes, dont 42 prétendues grossoyées, pour opposer une simple fin de non-recevoir dans un incident qui n'a duré que trois mois ; les frais demandés par quatre avoués jusqu'ici impunément ; réponse audacieuse et prophétique par écrit, à ma plainte le 10 nivose an 14, par le syndic des avoués, que je ne serois pas écouté ; car voilà le diapazon, la marche, la puissance des meneurs des avoués. Vous ne serez pas écouté ! et vous ne l'êtes pas : mais vous serez ruiné, déshonoré, emprisonné. L'horrible procès actuel en seroit seul la démonstration.

Supposition de procès-verbaux, vexations épouvantables au nom de la régie, par l'abus qu'ont fait de la faveur dont elle jouit ; deux ou trois avoués ont commis par ce moyen des concussions sans nombre aussi révoltantes que curieuses, et qui seront publiées un jour.

Supposition de condamnations pour prendre des exécutoires comme si elles existoient.

Taxes de dépens supposées ; suppositions enfin de toute espèce, vérifiées, reconnues d'après mes mémoires qui en font l'énumération, et que plusieurs magistrats dans des rapports, des réquisitoires, ont attestées en public aux audiences, et d'après les pièces authentiques qui ont été sous leurs yeux par centaines, et qui démontrent un pillage de plus de quatre cent mille francs à mon préjudice depuis dix ans; ce qui a fait qualifier plusieurs fois la coalition dont je me plains, avec les expressions qu'elle mérite, et que par ménagement je ne veux pas répéter; je me borne à dire que des magistrats aux audiences ont souvent proclamé que cette coalition est portée jusqu'au scandale, par des subalternes qui trompent, aveuglent les juges, sur-tout par leur collusion.

Si c'étoit déjà assez et trop, et chose abominable, de me vexer, me nuire par des suppositions, dans mes intérêts et ceux de ma famille, il l'est bien davantage de vouloir aujourd'hui par des suppositions attenter à ma liberté, à mes droits civils.

Mais cet excès qui ne peut être plus grand, plus violent, m'assure que je suis au terme de mes souffrances, et que les magistrats trompés ouvriront les yeux.

Je conviens; et les plus grands hommes l'ont éprouvé, que celui qui hautement s'occupe de la défense de la vérité, doit être résigné à tout, comme l'histoire de tous les temps et de tous les peuples le justifie, et sur-tout celle des Barbares que nous imiterions bientôt, parce que les extrêmes se touchent, si enfin on n'exécutoit les lois qui mettent des bornes à notre profonde dissimulation que nous appelons civilisation; car ce mal est déjà assez grand pour espérer que les bonnes mœurs reprendront leur empire. Je conviens aussi que pour détruire les défenseurs cou-

rageux de la vérité, il ne peut y avoir d'autre moyen
que d'entasser et soutenir contre eux des impostures,
des suppositions aussi violentes que les peines qu'on
veut leur faire subir, et qu'ils doivent s'attendre
d'abord à les souffrir, parce qu'en commençant les
passions ont toujours le dessus, et que toujours ce
qui est méchant étouffe d'abord ce qui est bon ; mais
les victimes aussi savent en pareil cas, pour se consoler, que la justice surmonte tôt ou tard le mensonge, et que dans son triomphe elle récompense ceux
qui ont combattu pour elle avec persévérance.

Il faut maintenant terminer en proposant mes moyens
d'appel.

MOYENS D'APPEL.

J'ai déjà fait pressentir les moyens qui doivent faire
annuller la plainte, et par suite faire rentrer dans le
néant le jugement attaqué qui les a éludés.

Ces moyens se présentent naturellement.

Deux sont pris dans la forme.

Le premier de ce que la Supplication, prétendue
calomnieuse est toute relative, et n'a pour cause que
l'instance de licitation subsistante encore par une folle
enchère, non consommée, qui en a été la suite, et
qu'alors, suivant l'art. 377 du Code pénal, le juge
nanti de cette instance, et auquel cette Supplication
fut de suite remise, est seul compétent pour l'apprécier.

Le second de ce que, lors même que cette instance civile n'existeroit pas, les faits dénoncés par la
publication et punissables, suivant l'art. 372, devoient

être instruits, avant de pouvoir écouter une plainte en calomnie.

Au fond aussi la plainte est si positivement nulle, que ce que j'ai fait pour Duchesne ne donne pas l'ombre d'action contre moi. Il n'y a pas non plus le moindre délit de la part de Duchesne, de s'être plaint des faits relatés dans la Supplication qu'on veut faire regarder comme calomnieuse.

Au contraire, il lui étoit si bien permis, si nécessaire pour son salut, de se plaindre de ces faits, que ce sont ceux par lesquels les deux avoués l'ont ruiné, lui ont enlevé ses terres et son argent, et que ce n'est qu'en se plaignant de ces faits et en les faisant déclarer véritables et punissables, qu'il peut se faire dédommager du mal qu'ils lui ont fait, et retrouver les ressources recueillies pendant 70 anspour supporter sa vieillesse.

Voilà le texte, la division de mes moyens d'appel, leur discussion ne peut pas être bien lougue.

Observation sur la distinction que font les lois en matière de calomnie.

Avant de parcourir ces moyens, il faut faire une observation sur la distinction si claire de nos lois en matière de calomnie.

Lorsque, sans motif, sans nécessité, on impute publiquement à quelqu'un dans une réunion, ou dans un écrit, des faits qui peuvent lui nuire, il y a calomnie, à moins que celui qui les impute ne présente sur l'instant la preuve légale des faits, ou par un jugement, ou par un acte authentique. C'est là ce que portent les art. 367 et 370 du Code pénal ; c'est là ce que M. le procureur général de la Cour de cassation dans une occasion récente, en parlant des diverses espèces de calomnies, dans l'affaire Michel et Reynier, a appelé *calomnie extrajudiciaire*, parce qu'une telle calomnie se fait isolément, hors de la justice, et n'a rien de commun, de semblable à une plainte dont on veut occuper le magistrat.

Mais, lorsqu'il y a le moindre motif, la moindre nécessité, le moindre intérêt d'imputer des faits, et qu'on les impute pour en demander vengeance à la justice et les faire punir, il seroit alors trop absurde de prétendre qu'il faut, en les imputant avoir à la main la preuve légale déjà faite, pour éviter qu'ils soient déclarés de suite calomnieux ; car au contraire, l'art. 372 de la même loi porte : « que lorsque les » faits imputés ont été dénoncés comme punissables, » *il sera, durant l'instruction sur ces faits, sursis à* » *la poursuite et au jugement de la calomnie.* »

Il est bien sensible qu'il faut absolument que cela soit ainsi, parce qu'on ne peut pas plus, avant d'instruire et recueillir les preuves, juger que le fait est véritable pour punir celui auquel il est imputé, qu'on ne peut juger qu'il est calomnieux pour punir celui qui l'impute. Sans cela le droit de se plaindre seroit, presque dans tous les cas, à peu près illusoire, si la plainte ne devoit pas être suivie d'instruction avant qu'il puisse être question de calomnie.

Il suffit même alors après l'instruction, que l'auteur de l'imputation ait eu le moindre sujet, le moindre prétexte plausible de faire l'imputation et de se plaindre, lors même que sa plainte n'a aucun succès pour être entièrement à l'abri de toute peine et même du reproche de calomnie. Cette précision est tout à fait raisonnable pour ne pas punir celui qui n'a fait que demander justice, et qui a eu quelque raison, fût-elle la plus légère.

C'est là ce que M. le procureur général, en parlant dans l'affaire Michel et Reynier, a fait juger en même temps qu'il a appellé cette espèce de calomnie, *calomnie judiciaire*, parce qu'elle a eu pour objet d'occuper la justice, et de lui demander vengeance du fait. Il ne faut pas confondre une imputation isolée avec une dénonciation. Rien n'est plus clair que cette distinction.

On est bien mieux encore à l'abri de tout reproche de calomnie, lorsqu'on est forcé de se défendre dans un procès, et que ce n'est que par exception, incidemment, et pour faire cesser des vexations ruineuses qu'on présente, qu'on impute des faits, des mauvaises actions commises pour créer le procès, le bâtir, le rendre ruineux, et qu'on ne cherche qu'à arrêter le mal qui continue et faire réparer le mal déjà fait, et éteindre le procès en vertu du texte des lois applicables en pareil cas. On est bien plus favorable lorsqu'il s'agit de faire punir la cupidité des avoués qui ont suscité, bâti le procès, comme dans notre cas, pour dépouiller un vieillard cultivateur de ses chétives terres et de quelques pièces d'or qui étoient son unique ressource pour traverser le reste de sa douloureuse vie, et qui veulent de plus le déshonorer et lui ravir ses droits civils, le jeter même avec barbarie dans une prison sous prétexte de calomnie, parce qu'il a osé se plaindre de son malheur, et demander justice contre ceux qui le causent.

C'est pour prévenir cette extrême déraison de vouloir faire punir comme injurieuse une défense contenant dénonciation, avant que le juge nanti de la contestation qui examine si la défense dit quelque chose de trop et d'injurieux, que l'article 377 du Code pénal a fait une exception à la juridiction correctionnelle et criminelle ; en attribuant expressément aux juges civils, pour les procès dont ils sont nantis, le droit d'infliger certaines peines s'ils trouvent les écrits des procès injurieux. Cet article a dit :

« A l'égard des imputations et des injures conte-
» nues dans les écrits relatifs à la défense des parties,
» ou dans les plaidoyers, les juges saisis de la con-
» testatiou pourront en jugeant la cause, ou prononcer
» la suppression des injures ou des écrits injurieux,
» ou faire des injonctions aux auteurs du délit, ou
» les suspendre de leurs fonctions et statuer les dom-
» mages et intérêts. »

Il a ajouté : « Si les injures portent le caractère
« de calomnie grave, et que les juges saisis de la
» contestation ne puissent connoître du délit, ils ren-
» verront devant les juges compétens. »

Ainsi toutes les fois que la prétendue injure ou calomnie est relative à une contestation, le juge saisi doit seul en connoître, même lorsque l'injure seroit trop grave pour les peines que ce juge a le droit d'infliger, par l'attribution qui lui est donnée, et ce n'est qu'autant qu'en jugeant, il la trouve trop grave pour sa compétence et qu'il renvoye devant les juges compétens, qu'il est permis à des juges criminels ou correctionnels de s'occuper de la prétendue calomnie qu'on veut trouver dans des écrits relatifs à un prosès.

Ce n'est donc que dans le cas de gravité et lorsque le juge civil lui-même a fait le renvoi, que le juge correctionnel peut s'en occuper ; jusque-là toute réclamation pour injure, outrage, calomnie, reste dans le même sac que le procès et ne peut être jugé qu'en même temps et par le même juge.

Je crois qu'avec le flambeau de ces principes, il est bien aisé d'apprécier la prétendue calomnie qui nous occupe, et de décider d'abord quel est le juge compétent. Voici les moyens.

PREMIER MOYEN D'INCOMPÉTENCE.

En point de droit, ce moyen est pris de l'art. 377 qui vient d'être cité, et qui veut que la prétendue calomnie qu'on reproche à des écrits qui n'ont été faits qu'à cause d'un procès civil, pour s'y défendre, en arrêter le mal, doivent être appréciés par le juge civil lui-même saisi de la contestation. C'est là une doctrine formelle par la loi, et si incontestable que je ne m'y appesantirai pas davantage, elle n'est pas d'ailleurs contestée.

Mais on conteste le fait, on nie qu'il existe une instance civile; on veut absolument que Duchesne ne puisse pas dire que la folle enchère est encore pendante devant le tribunnal civil, comme suite et reste de l'instance en licitation. Peut-être même que Lemit et Normand auroient encore nié, si nous le leur avions opposé, qu'il ait existé une instance de licitation, car ils ont nié d'autres évidences aussi grandes, quand, ils l'ont cru nécessaire à leurs intérêts.

C'est en niant que la folle enchère soit pendante, qu'ils ont fait dire dans le jugement attaqué qu'il ne pouvoit pas être question de s'adresser au juge civil pour faire apprécier la Supplication prétendue calomnieuse, contenant les reproches contre la licitation et la folle enchère, et qui en demande l'extinction et la punition.

Je ne veux pas examiner s'il ne suffiroit pas qu'il y ait eu instance de licitation, et par suite folle enchère au moins commencée, comme Lemit et Normand en conviennent, quand tout cela seroit entièrement terminé par des jugemens, pour soutenir que le tribunal civil qui s'en est occupé, devroit encore apcier lui-même des écrits contenant des dénonciations contre la procédure civile et les jugemens, quoique ce soit un des points de droit les plus positifs que les suites des jugemens appartiennent aux mêmes juges qui les ont rendus.

Preuves que l'instance de folle enchère est toujours pendante, et aveu que Lemit vient d'en faire, après l'avoir contesté et fait nier par le jugement attaqué.

Il est trop facile de démontrer qu'il y a litispendance encore non jugée, pour prendre la peine de juger autre chose.

Il y a si bien litispendance de folle enchère, qu'il faut nécessairement, de manière ou d'autre, ou faire consommer la folle enchère, et vendre les bâtimens qui en sont l'objet, ou rendre libres les biens qu'elle frappé, en faisant déclarer que la folle enchère est elle-même folle, sans objet, inutile et frustratoire, avec dommages.

Ce qui a été dit, en récitant soigneusement les faits, l'a déjà prouvé ; mais il y a encore autre chose à dire et d'autres preuves à donner, en même tems que je ferai disparoître quelqu'objection ridicule proposée en plaidant.

L'inexpérience, et on peut dire une sorte d'enfantillage a prétendu que les licitations, les folles enchères ne sont pas des instances, que ce ne sont que des exécutions, comme des saisies, pour faire partager, expédier, livrer ce qui appartient au demandeur.

On s'est fort peu occupé de prévoir la réponse qui se présente de suite, et qui est que toutes les fois qu'il y a un appel d'une partie par un autre devant un juge, qu'il y a ce qu'on appelle *vocatio in jus*, et sur-tout quand les parties se trouvent en présence du juge, et qu'il y a demandeur, défendeur, avoué pour chacun, actes faits par huissier, et que le juge est nanti, et sur-tout quand il y a eu déjà entre parties contestation en cause, par le moindre jugement, que le juge, assisté du greffier, avec son registre, s'est occupé à l'audience de l'objet quel qu'il soit pour lequel les parties se trouvent devant lui, il y a instance, qui est, et qui sera pendante jusqu'à ce que tout ce qui peut être une suite quelconque de l'assignation et même des jugemens qui arrivent sera entièrement consommé.

Ainsi, une licitation où les parties sont en présence du juge, avec des avoués, est une instance, et tous ses incidens , comme folle enchère et autres , en sont des accessoires et des suites pendantes , jusqu'à ce qu'elles soient tout-à-fait terminées , parce que ce n'est qu'alors que la licitation elle-même se trouve achevée.

Lisez , d'ailleurs , le répertoire de jurisprudence au mot *instance* , et l'énumération qui s'y trouve des différens objets qui peuvent former une instance, et vous verrez que l'*instance en licitation* est dans le nombre. On y appelle même instance un *ordre* , quoiqu'il ne s'agisse alors que d'une simple exécution pour distribuer le prix d'un immeuble , et que cela se fasse , la plupart du tems , sans discussion ; il suffit que le juge doive se mettre pour quelque chose entre des parties , dont l'une a cité l'autre à son domicile , ou par un acte chez son avoué , pour qu'il y ait instance.

Quel est ensuite l'objet , le but d'une instance de licitation ? C'est de parvenir à vendre un immeuble indivis , pour en partager le prix entre divers propriétaires ; et si la première vente ne sort pas entièrement à effet , et qu'il y ait lieu à folle enchère pour revente , c'est une suite de l'instance de licitation devant le même juge , et l'objet de la licitation n'est consommé que lorsque tout est vendu , et revendu s'il en est besoin , que le prix est payé , et qu'il ne peut peut plus être question ni de surenchère , ni de folle enchère pour revendre , ni d'hypothèque qui enpêche de payer , et que le paiement est fait et distribué. Cela me semble plus clair que le jour. Donc , quand il y a une folle enchère entamée à suite de licitation , il y a suite , reste de licitation pendante et à juger ; il y a litispendance.

Lisez du reste le Code de procédure sur la rubrique des incidens des ventes immobiliaires, notamment les art 737 et suivans, et vous verrez si la folle enchère n'est pas une procédure incidente et faisant suite et partie de l'instance de licitation.

Or, dans notre espèce, rappelons que le 23 octobre 1811, la vente de tous les biens eut lieu sur licitation ; que, malgré que l'article 715 dise que l'adjudicataire aura 20 jours pour faire les justifications, avant qu'il puisse être poursuivi et contraint par l'incident de folle enchère ; malgré que, d'un autre côté, Duchesne réunisse sur sa tête la qualité de vendeur et d'acquéreur, et cela le dispensoit de toute justification ; malgré qu'il n'eût qu'à se régler avec Lemit, s'il lui eût donné pouvoir de vendre, et qu'il eût voulu approuver la vente, parce que Lemit est son comptable de ce qu'il a reçu des autres acquéreurs. Lemit fait le 9 novembre, dans les seize jours, une sommation à Normand, comme avoué de Duchesne, d'avoir à remplir les charges et d'en justifier. C'est au moins ce qu'on a dit de cette sommation en plaidant. Il ne paroît pas qu'elle pût avoir d'autre objet ; nous n'avons pas pu le savoir bien exactement, parce que Normand, malgré qu'il eût pris les 30 napoléons, et en eût retenu la plus grande partie sans motif, et qu'il les tint dans sa bourse, voyant qu'il n'y avoit plus d'argent à espérer du vieillard, n'a pas daigné défendre à cette sommation, ni lui remettre les significations qui ont été faites chez lui, comme avoué enchérisseur pour Duchesne, par Lemit, poursuivant, il ne les a pas même remises, quoiqu'il en ait été requis par diverses sommations.

Alors , par cela seul , n'est-il pas vrai que Lemit ,
poursuivant , en faisant cette sommation à Duchesne ,
au domicile de Normand , a agi par suite et continuation de l'instance de licitation , et qu'il reconnoissoit
qu'elle n'étoit pas achevée. De plus , Lemit a continué ; il a fait des annonces , des affiches , des pla-
cards ; il a dû , d'après la loi , les signifier à Normand , pour se trouver aux audiences de publication de la folle enchère. Comment donc peut-il dire
qu'il n'y a pas eu , et qu'il n'y a pas continuation de
litispendance pour consommer l'instance de licitation
par la folle enchère ? Comment peut-il le dire , lorsqu'on voit , pendant dix-huit mois , des actes sans
nombre faits par Lemit lui-même , des jugemens même
de publication de folle enchère , et des poursuites continuées jusques au jugement du 13 mars 1813 , signifié
le 24 avril , dans lequel Lemit , poursuivant , fait
ordonner encore que les poursuites de folle enchère
seront continuées.

Il y a donc litispendance telle que Duchesne peut
s'y défendre et opposer toutes ses exceptions dans
cette instance. Cela est si vrai , que Duchesne n'a
cessé de demander qu'on le défendît avec une consultation de Me Hemeri à la main , lorsque Pillault-
Débit , avoué , s'étoit présenté pour lui ; qu'il y eut
des conférences avec Lemit ; que Duchesne et Pillault
avoient à la main tous les actes et titres ; que Lemit
les voyoit , ainsi que la consultation , dont le malheureux invoquoit qu'on fît usage , pour y conformer sa défense dans l'instance même , sur laquelle le
jugement du 13 mars fut rendu ; mais au lieu de le
défendre , et lorsque Duchesne reproche chez Pillault ,

et à lui-même , qu'il voit bien qu'on ne veut pas le défendre , on fait ordonner la continuation de la folle enchère , et condamner Duchesne aux dépens envers toutes les parties ; tandis que s'il eût été défendu , il ne pouvoit manquer d'obtenir tous les avantages portés par la consultation qui , loin de dire qu'il fût juste de vendre par la folle enchère les bâtimens , décide qu'il faut lui accorder de gros dommmages , pour la vente de ses terres , faite, malgré lui et par des suppositions.

Quel est l'homme d'affaires , même le plus ordinaire , qui ne conviendra pas qu'avant , lors et depuis ce jugement , Duchesne pouvoit , et peut encore , par acte même d'avoué à avoué , réclamer ; que , vu ses titres et les trahisons , les prévarications , il soit dit qu'au lieu de continuer la folle enchère , elle doit être déclarée frustratoire , et tout ce qui a précédé avec dommages.

Voilà ce qui peut être demandé par continuation d'instance , et dans la listipendance qui existe , même en exécution du jugement de mars , qui ordonne la continuation des poursuites ; car si Lemit peut continuer de poursuivre à suite de ce jugement et sans former nouvelle instance , il y a donc instance , et Duchesne , naturellement , doit pouvoir s'y défendre , et conclure d'après ses titres et ses droits , pour arrêter la folle enchère imaginée contre lui sous le faux prétexte qu'il étoit débiteur et des frais et du principal de l'adjudication , tandis qu'il ne l'est pas , comme un prétendu débiteur se met à l'abri des suites de l'exécution d'une condamnation , même souveraine , en présentant la quittance.

Il est impossible que l'action incidente de folle enchère , prétendue ouverte par le défaut de paiement
des frais et du prix de l'adjudication , et que le jugement du 13 mars ait ordonné que les poursuites de
cette action seront continuées contre Duchesne , sans
que Duchesne soit autorisé à opposer incidemment
toutes les exceptions qui peuvent modifier, arrêter
cette poursuite.

Une action sans exception n'est pas concevable ,
ne peut pas exister, puisqu'il faut que le défendeur y
soit appelé , et ce ne peut être que pour s'y défendre
qu'on l'appelle.

Ce fut pour opposer une exception, pour se défendre, que la Supplication prétendue calomnieuse fut
faite , et qu'elle demande qu'il soit déclaré , en conformité des articles 132 et 1031 du Code de procédure
que les poursuites de Lemit soient déclarées frustratoires, avec dommages. Si la Supplication est l'exception contre les poursuites du civil , c'est donc au juge
civil à la juger ; il est impossible de la juger sans la rapprocher et la comparer avec l'instance civile. En vou-
lez-vous la preuve la plus palpable ; c'est que devant
le juge correctionnel , Lemit et Normand n'ont pu
faire apprécier la Supplication qu'en présentant et faisant juger l'instance civile, car le jugement correctionnel présente cette monstruosité.

Que dis-je, une monstruosité, c'est une extravagance ; car, voyez le jugement attaqué ; il juge tout
ce qui reste de l'instance civile ; il juge , ce qui
est la suite de la licitation, il juge des conclusions
que Duchesne a prises dans cette instance, lorsqu'il
a pu parvenir à trouver un huissier qui ait voulu si-

(141)

gnifier , le 24 décembre un exploit prêt depuis long-
tems, dans lequel il a constitué, à suite du jugement de mars , un autre avoué à la place de Pillault-
Débit.

Ses conclusions tendent à faire déclarer la folle
enchère et tout ce qui a précédé nul et de nul effet,
avec dommages ; mais il a fallu encore avoir une in-
jonction pour faire marcher le nouvel avoué constitué, et nous ne savons pas comment il marchera.
Ne fera-t-on donc jamais un exemple contre cette
audace qui entrave sans cesse toute défense , toute action, quand il s'agit d'avoir justice contre quelqu'avoué.

En effet, le jugement attaqué juge , comme on a
vu , que Lemit n'a pas fait une instance frustratoire
en faisant vendre à Paris les biens comme indivis ;
que Duchesne n'a que le tiers du prix ; qu'il n'y a
jamais eu de folle enchère ; que Duchesne n'en a pas
ressenti les effets ni payé des frais ; qu'il n'y a jamais
eu de saisie ; que depuis le 5 février 1812 , époque
du prétendu jugement , fabriqué et jamais expédié ,
Duchesne a connu ou pu connoître le versement ; que
depuis il n'a été donné aucune suite à la folle enchère ;
que Normand a pu impunément tromper Duchesne ,
attraper d'abord par abus de crédulité et de confiance
ses napoléons , et puis encore en prendre le reste sur
la table du greffe , malgré lui , lorsqu'il l'avoit trahi
et qu'il avoit éludé , pour les garder , de remplir
leur destination ; qu'il a pu impunément l'abandonner aux poursuites frustratoires de la folle enchère de
Lemit ; qu'ils sont l'un et l'autre irréprochables ; que
tout est fini ; qu'il n'y a plus d'instance , quoiqu'il
n'y ait ni ordre , ne compte réglé , ni titre remis à

Duchesne de son adjudication, ni folle enchère consommée, ni mémoire de frais donné pour savoir ce qui lui revient, ou ce qu'il doit d'après le produit des terres.

Lemit et Normand veulent que tout soit ainsi fini, et qu'il n'y ait plus rien à faire, parce qu'ils ont été saisis en flagrant délit ; ils veulent s'en tirer en disant qu'ils ne feront plus rien, qu'il n'y a plus rien à faire : comme celui qui a pris ou prend quelque chose cherche l'impunité, en le jettant ou en disant qu'il l'a remis à quelqu'un. Normand veut en être quitte en feignant dans une minute de jugement, fabriqué par Lemit, d'avoir restitué les 391 fr., en les versant sans pouvoir à Lemit, pour prétendus frais que Duchesne ne doit pas, et sans s'apercevoir que, quand cela seroit vrai, Normand auroit retenu plusieurs mois, mal-à-propos, malgré Duchesne, son argent, ce qui suffiroit encore pour constituer un délit.

Lemit, de son côté, a imaginé effrontément de nier la folle enchère en disant, que depuis le jugement fabriqué du 5 février, il ne la poursuivoit plus, n'y songeoit plus, malgré mille actes dans lesquels il la reproduisoit sans cesse, pendant dix-huit mois, et malgré le jugement dans lequel, en dernier lieu, il en a fait ordonner la continuation.

En un mot ils veulent qu'on ne leur parle plus de rien, comme ceux qui saisis sur le fait lorsqu'ils tenoient, ou vouloient tenir la chose d'autrui, cherchent à en être quittes en restituant, ou cessant leur manœuvre.

Ce n'est pas ainsi qu'on s'en tire, et qu'on acquiert l'impunité, et ils le verront.

Remarquons que je viens de faire voir que le jugement correctionnel a jugé, et n'a rien laissé à juger de l'instance civile ; Lemit et Normand ont négligé aussi de donner aucune défense contre les conclusions qu'Amable a prises en dernier lieu au civil, malgré l'expiration des délais arrivée depuis long-tems.

Il est vrai que leur situation est embarrassante : car, diront-ils au civil que le correctionnel a jugé le procès civil ? Mais ce sont deux juges égaux en pouvoir, le juge civil ne peut pas souffrir que le correctionnel juge un procès civil qui est pendant depuis plus de quatre ans, car j'ai prouvé qu'il n'a jamais été terminé, le juge civil ne peut pas regarder comme jugées et évacuées les poursuites de folle enchère dont un jugement civil de mars dernier vient d'ordonner la continuation, car le correctionnel a jugé en novembre dernier qu'il n'y avoit plus de folle enchère, lorsque le civil en avoit ordonné la continuation en mars.

Lemit et Normand attend-ils qu'il y ait un arrêt de la Cour impériale qui confirme le jugement correctionnel, pour pouvoir aller dire au civil que l'autorité du juge supérieur est intervenue, que tout est jugé ? Mais la cour impériale entendra tout ce que nous venons de dire, et Lemit et Normand recevront un arrêt, comme leur conduite le mérite, qui renverra au civil pour les suites de la licitation, et au criminel devant un juge instructeur pour l'instruction et la punition des attentats sans nombre qu'ils nous ont forcé de démasquer.

Dans le moment, et lorsque déjà le présent écrit

étoit achevé , Lemit , sous la date du 17 février ,
vient de signifier des défenses devant le civil , tendantes à être déchargé des conclusions prises par
Duchesne , contre lui , en exécution des art. 132 et
1031 du Code de procédure , pour faire déclarer
nulles et frustratoires toutes les poursuites avec dommages.

Lemit oppose une fin de non-recevoir , prise de
ce que les poursuites d'Amable Duchesne sont nulles
et non-recevables , parce que , dit-il , les poursuites
de la folle enchère ont été provoquées et suivies à
la requête de Duchesne , client de Lemit , et jamais
à la requête de Lemit lui-même , et que cette action
appartenoit et appartient encore aux sieurs Duchesne
frères , qui pourroient y donner suite par le ministère de tel avoué qu'ils voudroient choisir, qu'ainsi
on ne peut faire défense à Lemit d'exercer une action qui ne lui appartient pas. Cette défense , ajoute-
t-il , ne pourroit être faite qu'aux neveux de Duchesne , qui ont acquis par jugement le droit de
poursuivre la folle enchère.

Sur ces défenses , la cause portée à l'audience du
18 février , de la quatrième section civile , Lemit et
Normand ont eu le front de demander et ont obtenu
le renvoi de la cause , au mois , sous prétexte de
l'appel correctionnel , dans lequel , disent-ils , la même
chose est pendante , et tout doit être jugé.

Voyez cependant , dans ces conclusions civiles de
Lemit , l'aveu formel que c'est lui , Lemit , qui a
provoqué et suivi les poursuites de la folle enchère
à la requête des neveux , et qu'ils ont acquis par le
jugement du 13 mars , le droit de la poursuivre ;

alors quelle imposture de soutenir et d'avoir fait dire
dans le jugement correctionnel, qu'il y a calomnie
dans la Supplication, quand elle se plaint de la folle
enchère, parce qu'il n'y a jamais eu de folle enchère, et que Duchesne n'en a rien ressenti, et que
s'il y avoit eu un commencement de poursuite, depuis
le prétendu jugement du 5 février, il n'en avoit plus
été question ; car maintenant, de l'aveu de Lemit,
il y a poursuite, litispendance de folle enchère,
droit même acquis, dit Lemit, de la poursuivre.
Il y a donc mensonge, contradiction de Lemit. La
Supplication prétendue calomnieuse qui a pour objet
de faire discontinuer cette procédure avec dommages,
est donc incidente à une poursuite civile pendante,
et le jugement correctionnel dans lequel Lemit a fait
dire le contraire, doit être anéanti.

De plus, quand Lemit dit qu'au civil on ne peut
pas l'atteindre personnellement, et lui faire défenses de continuer cette poursuite avec dommages,
il se dissimule que s'il ne la faisoit pas à sa requête, il la faisoit comme avoué, et que de plus il
la faisoit pour des frais qu'il demandoit qu'on versât
dans ses mains.

Il se dissimule que les art. 132 et 1031 s'appli-
quent personnellement aux avoués qui font de pareilles poursuites, et qu'ils prononcent contre eux les
dommages et intérêts et la suspension de leurs fonctions.

Il se dissimule que, selon la loi, dès qu'il
a poursuivi lui-même comme avoué, au nom de
Duchesne neveu, la folle enchère, il doit défendre,

tant qu'il n'est pas révoqué par Duchesne neveu, quoiqu'on prenne dans le même procès, des conclusions personnelles contre lui, Lemit, car on les prend précisément parce qu'il a été et qu'il est toujours avoué de Duchesne neveu, contre lequel Duchesne oncle n'a pas jugé à propos de prendre, jusqu'à présent, des conclusions directes, parce que tout est l'ouvrage de Lemit, et que le jugement qui sera rendu contre Lemit, sera aussi bien rendu, avec Duchesne neveu, tant que Lemit ne sera pas révoqué, lors même que Duchesne oncle n'auroit pas demandé que le jugement soit commun avec Duchesne neveu, partie de Lemit.

Lemit se dissimule enfin qu'il est avoué de Duchesne neveu, et que nul autre que lui ne pourroit continuer la folle enchère, tant qu'il ne sera pas révoqué, et que Duchesne a droit et intérêt de faire faire à Lemit, directement, des défenses de poursuivre la folle enchère, sur-tout quand il l'a poursuivie pour des prétendus frais à verser dans ses mains par Duchesne oncle, qui ne lui a jamais rien dû, et auquel il a compte à rendre.

Voilà ce que Lemit se dissimule, ou à mieux dire, ce qu'il dissimule aux juges dans sa défense pour les tromper encore, et il a trompé déjà par ces défenses les juges civils, au point de leur dire que tout étoit pendant dans l'appel correctionnel, et qu'il falloit suspendre les poursuites civiles et renvoyer au mois, dans l'espoir de surprendre un arrêt correctionnel pour prétendre ensuite que tout ce qui restoit au civil est jugé par cet arrêt, comme s'il est possible que le correctionnel juge les poursuites de folle enchère que Lemit convient aujourd'hui être pendantes, et que le jugement civil du 13 mars 1813, a donné, dit-il, le droit de poursuivre, et comme s'il est possible encore que la Supplication prétendue calomnieuse qui demande par exception dans l'instance civile que cette instance soit déclarée frustratoire avec dommages contre les avoués, soit portée et jugée au correctionnel.

En deux mots, si l'on compare le langage de Lemit dans ses défenses signifiées le 17 février, au civil, et ce qu'il a dit et fait dire dans le jugement correctionnel le 27 novembre, on voit sur la question de savoir si l'instance de folle enchère existe *oui* et *non*. — Car, au civil, Lemit dit que cette instance existe, et que d'après le jugement civil de mars 1813, elle doit être continuée, et il veut pour son profit pouvoir la consommer. — Au correctionnel, il a fait juger et déclarer calomnieux le reproche à lui fait d'avoir formé une instance de folle enchère, il a soutenu ce qui est dit dans le jugement qu'il n'a jamais existé de folle enchère, et que Duchesne n'en a jamais ressenti les effets, ni rien payé. Lemit n'a pas craint de dire tout cela, pour rendre impunies ses mauvaises actions, pour faire prononcer des peines contre ceux qui osent le démasquer et pour avoir même eu pour récompense des dommages.

En sorte que c'est ici l'histoire de la transubstantiation *oui* et *non* : selon les religions et selon l'intérêt. — Au correctionnel, Lemit est protestant, et soutient *non*, il n'y a pas d'instance, et il se fait adjuger de l'argent. — Au civil, il est catholique, il dit *oui*, il y a instance, et il y a fait des frais et a fait venir de l'argent, et il veut en faire venir encore.

Normand soutient les mêmes choses que Lemit.

Et si on ne veut pas mettre dans les jugemens ce qui leur plaît, il paroît par le prétendu jugement du 5 février, qu'ils savent l'y mettre eux-mêmes.

N'est-il pas tems de forcer, par des condamnations exemplaires, ceux qui ont ainsi différentes religions, à en choisir et acheter une, afin qu'ils aient intérêt à la conserver, et à ne tenir jamais deux langages ?

N'est-il pas vrai aussi que ce conflit au civil et au correctionnel où l'un dit *oui* et l'autre *non*, n'existeroit pas si on n'eût pas écouté les avoués, si on eût fait ce que j'ai proposé en demandant que la Supplication prétendue calomnieuse, qui n'est qu'une défense, une exception, un reproche contre l'instance civile, fût appréciée et jugée, selon la loi citée par le même juge et dans le même sac que l'instance civile elle-même ?

Voyez, d'après cela, quel barbouillage, et si nous n'avons pas raison de dire quelle extravagance, dans cette poursuite correctionnelle ?

Pourquoi n'a-ton pas apperçu tout cela ? c'est parce qu'on est aveuglé, qu'on n'est occupé que de m'atteindre, et qu'en faisant bien ou mal des poursuites, en trompant les juges on a espéré de réussir, et on y auroit réussi en effet si les premiers juges étoient souverains.

Voici une autre réflexion qui seule démontreroit encore la ridiculité des poursuites correctionnelles.

Figurons-nous un moment, que c'est à Pontoise,

comme cela auroit dû être s'il y avoit eu matière à procès, que les neveux et l'oncle se sont trouvés devant le tribunal; que Lemit et Normand auroient été les avoués des parties à Pontoise, et que Duchesne, ayant à se plaindre d'eux, auroit fait la Supplication en question, et l'auroit remise au tribunal civil de Pontoise qui n'est composé que d'une chambre qui juge tantôt au civil, tantôt au correctionnel, comme il remit cette Supplication au président civil de Paris qui a plusieurs chambres, dont l'une, telle que celle qui a rendu le jugement attaqué, ne juge que des matières correctionnelles.

Croyez-vous que Lemit et Normand auroient pu dire à MM. les juges de la chambre unique de Pontoise, qui auroit été nantie du procès civil, il faut, messieurs, oublier le procès civil, et vous constituer en tribunal correctionnel pour instruire et punir comme calomnie, une Supplication que Duchesne vient de faire pour articuler ses reproches contre l'instance civile, et contre nous avoués qui avons bâti cette instance? On devine aisément quelle eût été la réponse du tribunal civil de Pontoise, si on eût osé lui faire cette absurde proposition. Il eut dit nous verrons en jugeant le procès civil, s'il y a quelque chose de trop grave dans la Supplication qu'il faille renvoyer au correctionnel.

Doit-il en être autrement au tribunal de Paris, parce qu'il y a plusieurs chambres? C'est pourtant ce qui est arrivé. Cette comparaison seule démontre le vice de la marche oblique que les avoués ont prise en allant au correctionnel.

Il y a même cette absurdité encore dans cette

marche, qu'elle présente une sorte de conflit entre deux chambres du tribunal de Paris, dont l'une en correctionnel, a jugé le 27 novembre, qu'une instance de fausse licitation n'est pas monstrueuse, et qu'une folle - enchère n'existe pas, quand l'autre chambre a ordonné en mars dernier, par jugement, que la folle enchère seroit poursuivie.

Cela auroit autorisé à se pourvoir en réglement de juges, pour faire statuer entre ces deux jugemens qui prouvent que l'une et l'autre chambres, égales en pouvoir, ont pendant devant elles le même fait, la même question : qu'il faut nécessairement expliquer à laquelle des deux la compétence appartient, car elles ne peuvent juger l'une et l'autre. Les pièces ne peuvent pas être devant l'une et l'autres ; il faut savoir quelle est celle qui doit surseoir, et même se taire, pour laisser statuer par l'autre. Le jugement civil de renvoi, au mois, qui vient d'être rendu le 18 du courant, pour attendre que le correctionnel ait jugé, ne constate-t-il pas encore ce conflit ?

Mais, outre que cela rentre en quelque sorte dans la question d'incompétence, sans renoncer au moyen de nullité pris de ce conflit, nous avons voulu prouver que nous ne craignons pas l'appel.

En dernier résultat, pour la solidité de ce moyen, il suffiroit encore de dire que Lémit, dans sa plainte à la dernière page, a dit : *attendu que Duchesne a remis sa Supplication à M. le président pour demander justice* ; alors quoiqu'il ait voulu présenter cette remise au président comme une preuve que la prétendue calomnie a été répandue, il a au contraire d'... ué la preuve lui-même que la Supplication,

loin d'être une imputation pour le calomnier, est
une dénonciation, une plainte remise au juge, pour
demander justice ; alors aussi cette plainte doit
être jugée par le même juge nanti du procès civil,
contre lequel elle est faite. Et aujourd'hui que Lemit
est convenu dans ses défenses au civil que la folle
enchère y est pendante, et peut être poursuivie,
tandis qu'il l'avoit jusqu'ici contesté, cette observation seule établiroit l'incompétence radicale du juge
correctionnel et le vice de la plainte et du jugement
attaqué.

Je n'en dirai pas davantage sur ce premier
moyen. Il est trop évident qu'il y a litispendance
civile, à suite de la licitation, par la folle enchère ;
et que la Supplication, qui n'a été faite qu'à cause
de ce procès, en fait partie et doit être dans le même
sac, et jugée par le même juge ; qu'ainsi la plainte
en calomnie, au correctionnel, est un acte irrégu-
lier, illégal, absurde d'après l'art. 377 cité, et les
premières idées de la raison.

SECOND MOYEN D'INCOMPÉTENCE.

Il est pris de l'art. 372 qui veut que, lorsque les
faits imputés sont dénoncés comme punissables, il
soit, durant l'instruction sur ces faits, sursis au jugement et à la poursuite du délit de calomnie.

Concevez, après cela, si, lors même que l'instance civile dont je viens de parler, n'auroit pas existé,
on pouvoit s'occuper de la calomnie qu'on suppose
dans la Supplication, avant d'instruire sur les faits
que la Supplication dénonce si bien comme punis-

sables , qu'elle indique deux articles de la loi , d'après lesquels elle demande qu'elle soit punie.

Le jugement attaqué ne conteste pas , d'après la lecture que j'en ai entendue , que la Supplication dénonce les faits comme punissables , ce qui suffiroit pour ne pas pouvoir prétendre qu'il y a calomnie , au moins avant l'instruction sur ces faits ; et alors c'étoit tout ce qu'il falloit pour surseoir , selon l'art. 377 , et ne pas instruire et juger la prétendue calomnie avant cette instruction ; et dès qu'on a reçu la plainte en calomnie et instruit , tout est radicalement nul.

Savez-vous quel est le prétexte qu'on a imaginé pour éluder l'article cité , et éviter d'instruire les faits dénoncés ? C'est de dire que la dénonciation , suivant cet article , doit être adressée au ministère public , et que la Supplication prétendue calomnieuse , qui dénonce , ne lui est pas adressée. Quelle chicane ! quel moyen pour rendre inutile la loi , et arriver à prononcer des peines terribles pour satisfaire la passion !

Mais l'article ne dit pas que la dénonciation doive être adressée précisément et exclusivement au ministère public : et quand elle est d'ailleurs adressée à tous les magistrats , elle est aussi bien adressée à M. le Procureur impérial et à tous les officiers du ministère public qu'aux autres , parce que qui dit tous , n'en excepte aucun.

N'a-t-il pas été d'ailleurs convenu par M. le substitut , en plaidant , que cette Supplication avoit été particulièrement remise à M. le procureur impérial , puisque M. le substitut a plaidé , en s'oubliant jusqu'à me dire que j'étois perfide , ignorant , assassin ,

parce que je n'avois faitappeler par Duchesne du
jugement de mars, que j'étois à tems à lui faire faire
cet appel lorsque la Supplication fut faite, parce qu'elle
avoit été déjà remise au parquet avant le 24 juillet,
époque de l'expiration du délai de l'appel du jugement, signifié le 24 avril?

N'est-il pas certain aussi et convenu que peu de
tems auparavant, à la fin de juin ou au commencement de juillet, il avoit été remis par Duchesne une
dénonciation manuscrite à M. le Procureur impérial,
contre les deux avoués, et qu'une particularité con-
venue rend ce fait indubitable, qui est que M. le
Procureur impérial connut qu'elle étoit écrite de ma
main, et demanda à Duchesne comment il me connoissoit?

M. le Procureur impérial a donc reçu une dénonciation manuscrite adressée à lui seul, et remise par
Duchesne; et quand il seroit aussi vrai qu'il est faux,
que l'article cité l'exige ainsi, le vœu de la loi auroit
été rempli.

Est-ce notre faute s'il ne s'en est pas occupé? et
quand Duchesne est ainsi privé de justice, et qu'il
fait dans une Supplication une nouvelle dénonciation
de faits punissables, qu'il adresse à tous les magistrats, et quand on convient qu'il l'a distribuée au
Palais encore à M. le Procureur impérial, et que
les avoués en conviennent dans leur plainte, et
disent que Duchesne l'a remise aussi à M. le Président civil pour lui demander justice; n'est-il pas
bien étrange qu'on ait voulu éluder la loi, qui veut
l'instruction des faits avant la poursuite de calomnie,
en disant que la dénonciation n'a pas été adressée pré-

cisément au ministère public, quoiqu'elle soit adressée
à tous les magistrats ?

Duchesne n'a-t-il pas eu raison et grand besoin
d'adresser sa Supplication à tous les magistrats, quand
le magistrat du parquet n'avoit pas écouté celle qui
lui avoit été remise en particulier ? Cela seul encore
n'exigeroit-il pas une instruction sur la plainte principale, avant de s'occuper de celle en calomnie ?

Faut-il répéter le langage du magistrat suprême,
qui a dit que « ce seroit un état social bien déplo-
» rable que celui où la plainte seroit défendue à l'op-
» primé, que celui où cet opprimé ne pourroit pas
» dénoncer publiquement que sa plainte n'est pas
» écoutée ? »

Où a-t-on trouvé, d'ailleurs, qu'il faille, à peine
de nullité, et de perte du droit de faire instruire une
plainte et d'être réputé calomniateur, que la dénonciation dont parle l'art. 372, ni toute autre plainte,
soit adressée au ministère public, quand toutes les lois
de tous les tems ont voulu que tous juges pussent
recevoir des plaintes, et que de plus, lorsqu'ils dé-
couvrent eux-mêmes quelque crime ou délit dans leurs
fonctions, ils soient tenus d'en avertir au plutôt le
juge compétent pour instruire ; cela est encore répété
dans l'art. 29 du nouveau Code d'instruction.

En sorte que lors même que les avoués dénoncèrent,
dans notre espèce, au juge instructeur la Supplication
en question comme calomnieuse, il auroit dû lui-
même instruire les faits qu'il dénonce avant de s'occuper de la calomnie. Mais ce n'étoit pas là le compte
des avoués ; et malgré que Duchesne, par une requête, avant aucun jugement, eut requis que les

faits par lui dénoncés fussent instruits avant tout, la condamnation, en disant qu'il y avoit calomnie, fut prononcée avec précipitation, sans rien écouter.

Si l'on avoit fait cette instruction, c'est encore alors qu'on auroit vu combien étoit grand le ménagement de la Supplication, qui, comme le détail des faits l'a prouvé, ne renferme pas la dixième partie des reproches que les deux avoués méritent, et déjà une grande partie de ce qui a été articulé contre eux, de plus que dans la Supplication, est prouvé et reconnu par eux-mêmes. En deux mots, punir la plainte comme calomnieuse, avant de l'instruire, c'est le crime de condamner sans entendre.

S'il ne falloit pas abréger, nous développerions combien est perfide et dangereuse cette tactique de laisser la plainte principale sans instruction; et de s'occuper plutôt de la prétendue calomnie qu'on suppose dans la plainte; je citerois des exemples désolans dans lesquels les méchans ont su prendre ou faire prendre ce lâche parti pour étouffer les lamentations de l'innocence.

Mais c'est assez ici de prouver qu'il auroit fallu instruire sur les faits dénoncés, avant de s'occuper de la calomnie. Cela n'a éprouvé d'autre objection que de dire que la dénonciation n'étoit pas régulièrement faite; et je l'ai détruite avec trop d'avantage pour rien ajouter.

Ce seroit un grand triomphe pour les avoués de faire prononcer que quand on dénonce leurs mauvaises procédures et leurs téméraires procédés, il faut laisser la dénonciation de côté, et sur leurs allégations punir comme calomniateur et sans examen ceux qui se plaignent contre eux. Il ne leur manqueroit que ce nouveau fleuron à la couronne de leur puissance, pour qu'il n'existât plus aucun frein pour les contenir.

Ce moyen d'incompétence seroit donc infaillible, si le précédent, dans l'ordre naturel, pris de ce qu'il existe une instance civile, ne devoit être le premier pour faire déclarer nulle la plainte en calomnie des avoués, et tout ce qui a suivi.

Sur le fonds, observation relative à ce qu'on pourra dire devant le Juge compétent.

Sur le fonds, je n'ai qu'à faire observer que lorsque la Supplication sera appréciée et instruite par le juge compétent, si les avoués, après les explications que j'ai données, avoient encore la maladresse de se prétendre calomniés, il suffiroit de leur opposer alors, et nous le ferions d'hors et déjà devant les juges correctionnels, si la connoissance leur en appartenoit, quelques-uns des faits que j'ai présentés, et ils seroient aussitôt jugés comme ils le méritent.

Défaut d'action contre J. B. Selves.

D'abord, je ne sais dans quelle législation on trouveroit qu'il y a la moindre action contre moi, lorsque par charité j'ai écouté Duchesne après mille importunités, et après avoir fait faire, pour éviter toute hostilité, plusieurs prévenances à ceux dont il se plaint.

Je ne sais où l'on trouveroit que lorsque je n'ai rien

signé, que je n'ai fait que jetter pour lui sur le papier le dixième de ses plaintes et les moindres, que j'ai crues vraies, qui, selon ce qu'on a vu, ne le sont que trop, et que je lui ai dit que c'étoit à lui à les signer s'il vouloit en faire usage, et à ne les faire imprimer qu'après avoir soumis mon chétif manuscrit de quatre pages à la censure impériale, comme il l'a fait, je puis en aucune manière être recherché, lorsqu'un avocat, même quand il signe, est à l'abri de toute recherche si sa partie a signé. L'avocat auroit-il le droit de calomnier, de tout dire impunément, même en signant, parce qu'il est inscrit sur le tableau, tandis que l'ancien magistrat qui fut auparavant avocat ne pourroit pas, même sans signer, faire quelques charités aux dépens de son expérience, ni écrire un seul mot en faveur d'un malheureux, lors même que les hommes du Palais lui refusent leur ministère, et même en abusent à son préjudice ; et il s'exposeroit à tous les dangers, à toutes les subtilités qui peuvent faire déclarer qu'il y a calomnie, lors même qu'il n'y en a pas.

Il ne faudroit encore pour completter la tyrannie des subalternes du Palais, que juger qu'il n'y a qu'eux qui peuvent écrire et conseiller leurs victimes ; et qu'il est défendu à tout le reste des hommes de faire la charité aux dépens de leur expérience et de leur courage et de troubler les œuvres de la cupidité, sous les peines les plus violentes.

Je laisse, sans le pousser plus loin, ce point relatif au défaut de toute action contre moi, qui réveille trop la douleur, et la preuve que ce n'est que par vengeance et par méchanceté qu'on a voulu trouver un prétexte pour me persécuter, jusqu'à attenter à ma liberté.

Défaut de délit de la part de Duchesne. Motif suffisant, juste raison, nécessité de sa part de se plaindre comme il l'a fait dans la Supplication.

A l'égard de Duchesne, et sur la question de savoir s'il y a délit de sa part, dans la Supplication, quand il sera aussi devant le juge compétent, si les avoués qui l'ont ruiné osent encore se dissimuler leurs intérêts jusqu'à se plaindre, il lui sera bien aisé de prouver, d'après ce que je viens de dire, que loin que les faits portés dans la Supplication soient calomnieux, il y a des délits à son préjudice, et même des crimes qu'il est forcé de développer aujourd'hui, et qui doivent attirer aux avoués les plus grandes punitions. Il ne les avoit pas reprochés dans la Supplication, parce qu'il ne vouloit que faire réparer au civil les torts à lui faits ; mais l'attaque pour nous détruire, m'a forcé à ne rien négliger pour sa défense et pour la mienne, et j'ose dire avoir rempli ce but.

Je bornerai aussi à un court résumé quelques circonstances suffisantes pour apprécier la modération de la Supplication de Duchesne.

Résumé contre Lemit.

On sait que la substance de tout ce que Lemit prétend que la Supplication lui reproche, est qu'il a poursuivi une procédure de licitation frustratoire sur des chétifs biens ; que cinq avoués ont fait environ cinq mille francs de frais, et que Lemit n'a pas eu la charité de faire renvoyer devant notaire.

Il suffiroit de demander s'il est possible qu'il y ait jamais plainte fondée en calomnie, lorsqu'on dit de pareilles choses, quand elles seroient plus ou moins vraies, et s'il n-est pas pitoyable de les voir servir de prétexte à des peines atroces.

Quand il faudroit ensuite examiner si ces choses sont vraies, comment douter, d'après les actes, s'il a été fait au préjudice de Duchesne une procédure de licitation inutile, en supposant que des biens sont communs, et en le traînant ailleurs que devant ses juges naturels ; et que tandis qu'il étoit tranquille auparavant, il est ruiné depuis.

Et quand il se plaint que cette procédure est frustratoire, ruineuse et punissable, et qu'il ajoute que cinq avoués ont fait pour cinq mille francs de frais, ce vieillard est-il un calomniateur, avant même qu'on instruise sa plainte ? Est-il un calomniateur en réitérant ses plaintes, qu'on a empêché sans cesse d'être écoutées, quand il les a remises en particulier à un magistrat, quand il a fait une Supplication adressée à tous les magistrats, afin qu'il y ait quelqu'un qui l'écoute, et qu'il la remet sur-tout au Président du tribunal civil, saisi de la fausse licitation, pour faire appliquer contre l'avoué poursuivant les lois qu'il cite, et faites pour des cas pareils ?

Le vieillard aussi a eu si fort raison de dire qu'il y a cinq mille francs de frais, qu'il indique quelques articles, la plupart prétendus liquidés et déjà exigés, qui s'élèvent à peu près à six mille francs, dont trois mille environ pour l'avoué Lemit seul ; sans compter que de son côté le vieillard, dans cinq ans de souffrances, a fait plus de six mille francs de faux frais lui-même , et qu'il a été à la merci des poursuites de l'avoué Lemit , qui a voulu revendre encore , sans aucun droit ni besoin , la chaumière dont le vieillard est adjudicataire , par une folle enchère si honteuse , que lorsque j'ai fait crier ce malheureux contre l'inhumanité des poursuites, prouvées par une infinité d'actes pendant dix-huit mois , cet avoué a pris le parti de nier au correctionnel , et a soutenu et fait juger qu'il n'a poursuivi la folle enchère qu'un instant, jusqu'en février 1812 , et aujourd'hui on l'a convaincu au civil , et il a été forcé d'avouer dans ses défenses , qu'encore en mars 1813 , il a été ordonné sur ses poursuites , qu'elle seroit continuée.

Résumé contre Normand.

A l'égard de Normand , la Supplication se réduit à dire qu'après *avoir attrapé les napoléons de Duchesne , il n'a pas daigné s'occuper de lui.*

Ne voit-on pas dans ces expressions le plus grand ménagement , quand on a entendu les faits , et quand on ne connoîtroit que ceux avoués par Normand lui-même ?

Normand , en effet , convient qu'il a reçu six cents francs et un pouvoir , et qu'il a fait la promesse et contracté l'obligation d'enchérir et d'être adjudicataire de tous les biens ; il convient qu'il en a laissé échapper la plus grande , la plus précieuse partie , lors même qu'ils n'ont pas été portés à une somme au-dessus , ni relative à celle déposée en ses mains pour payer les droits de greffe et d'enregistrement ; alors n'est-il pas évident que Normand a fait une fausse entreprise , donné des espérances chimériques , abusé de la crédulité, de la confiance de Duchesne ; qu'il l'a trompé, l'a séduit artificieusement en lui laissant croire qu'il feroit ce à quoi il s'obligeoit envers lui, et que Duchesne s'est trouvé attrapé ; que ses napoléons se sont trouvés attrapés par Normand, parce que Normand n'a pas daigné remplir ses obligations envers Duchesne, et qu'il s'est moqué de commettre ainsi une prévarication formelle.

Cela seul, sans aller plus loin, auroit donc autorisé Duchesne à se plaindre que Normand lui a attrappé sa signature et ses napoléons, sans remplir son devoir : l'existence du pouvoir authentique, la remise de l'argent en présence de témoins, l'aveu de Normand, feroient seuls la preuve du fait qu'il prétend calomnieux, quand, selon la loi, il ne faudroit pas commencer par instruire sur ce fait et sur les autres, la dénonciation de Duchesne, portée par la Supplication.

L'expression que Normand *a attrappé* les napoléons étoit la moins forte à employer, d'après les circonstances ; il auroit dû savoir gré qu'elle n'eût pas été développée, délayée comme sa conduite le méritoit et comme il force de le faire aujourd'hui.

Mais on veut, au nom de Normand, que l'expression *attraper* soit synonyme de *voler*, pour pouvoir juger qu'il y a calomnie, et qu'elle est un peu noire.

Qu'on lise dans tous les vocabulaires, et on verra que, dans aucune de ses acceptions, le mot *attraper* ne veut dire *voler*.

L'action de prendre le bien d'autrui *malgré lui* se caractérise par le mot *voler* ; mais elle ne peut pas être caractérisée par le mot *attraper*, qui, au contraire, veut dire obtenir, surprendre, tromper par artifice,

c'est-à-dire , prendre le bien d'autrui *de son consente-*
ment , et en commettant ce qui n'est le plus souvent
envers autrui qu'un dol civil , en lui faisant croire
qu'on fera ce à quoi on s'oblige envers lui , comme
Normand l'a fait envers Duchesne , et sans lui rendre
ensuite son argent , après qu'il eut éludé d'en faire
l'emploi pour lequel il avoit été déposé dans ses mains.

Voilà ce que signifie en pareil cas le mot *attraper* ,
et qu'on applique continuellement sans conséquence ,
quand on dit si souvent , qu'un tel homme a attrappé
tel autre , et a su le surprendre artificieusement pour
obtenir , se faire remettre sa chose et son argent sous
quelque prétexte , sous quelque promesse qu'il n'a pas
exécutée. Si le glaive de la justice devoit être levé contre
ceux qui disent des choses pareilles , il faudroit à chaque
porte un tribunal.

Si , depuis que Normand , après avoir commis un
premier délit en éludant de remplir la destination de
l'argent , a empêché Duchesne de le reprendre sur la
table , car il l'en a si bien empêché qu'il l'a pris lui-
même *malgré lui* , et l'a mis dans sa bourse , et Normand en convient ; il y a donc eu une scène dans laquelle Normand a réalisé les expressions du délit qui
se commet par le *maniement de l'argent d'autrui pour*
se l'approprier , ou pour en user , ou en rester en pos-
sesion malgré le propriétaire.

Cependant la Supplication n'employe que le mot
attraper pour ménager Normand , en ne lui reprochant
que la moindre de ses fautes , et pour faire croire
seulement qu'il avoit surpris Duchesne en abusant de
sa crédulité , de sa confiance , sans qualifier , sans
rien dire qui put qualifier un crime ni un délit contre

Normand , mais en le dénonçant seulement pour faire appliquer contre lui les art. 132 et 1031 du Code de procédure qui sont les seuls cités dans la Supplication.

C'est bien pis si, comme le vieillard le soutient et qu'il dit qu'il le prouveroit par les personnes qui étoient au greffe où la scène se passa, Normand empêcha le vieillard de reprendre son argent et l'enleva lui-même par violence, par un jeu, une lutte de mains qui rend cet enlèvement si répréhensible. La Supplication a fait, et nous faisons encore la grace à Normand de ne pas qualifier cette troisième scène.

Voyez si lorsque Duchesne sera devant le juge compétent, il aura de la peine à justifier, non-seulement qu'il a quelques justes motifs de se plaindre, ce qui seroit suffisant selon les principes , pour n'avoir pas à craindre le moindre reproche de calomnie, mais encore qu'il n'a rien dit de trop dans la Supplication, et qu'il n'y a pas même dit, au préjudice de ses intérêts , la dixième partie de ce qu'il peut dire.

En finissant de parler du ménagement de la supplication , on doit encore remarquer que le jugement attaqué est si révoltant, que lors même que pour punir les reproches faits à Lemit et Normand , la Supplication ne demandoit contr'eux l'application que des peines légères des art. 132 et 1031 du Code de procédure, et que suivant l'esprit de l'at. 351 du Code pénal, la peine de la calomnie doit être toujours infiniment au-dessous de celle que le fait imputé auroit attiré à celui qui se dit calomnié; ici la peine prononcée est centuple de celle réclamée contre ceux auxquels les reproches prétendus calomnieux sont faits;

ce qui seul seroit la démonstration de la violence du jugement attaqué et de la prévention qui l'a enfanté sans réfléchir, sans entendre, sans écouter..... Frappe! mais écoute.

RÉFLEXION FINALE.

Je m'arrête : et je prie de rappeller que j'avois annoncé que je prouverois, avec autant de respect que d'énergie, l'écart violent dans lequel le jugement attaqué est tombé par la prévention excitée par les avoués, et que j'étois une victime de la plus audacieuse oppression. J'ai fait cette preuve d'une manière inexpugnable, et à coup sûr plus forte que mes lecteurs ne s'y atttendoient; car ils ont dû s'écrier souvent : quelle série d'abominations ! Est-il concevable que des avoués se conduisent ainsi, sur-tout vis-à-vis d'un malheureux vieillard qui étoit paisible sur ses chétifs biens et sembloit n'avoir rien à craindre; et que depuis cinq ans ils le fassent sans cesse courir et tomber de plus en plus dans la détresse, souffrant la faim, la nudité et toutes les angoisses de la lèpre des procès, et qu'ils veuillent encore étouffer sa voix par des tourmens, le couvrir d'opprobre, et atteindre même celui qui ne voulut que lui donner quelques secours. J'ai dû exciter, je ne dirai pas leur indignation, mais la pitié; car je me contente de ce sentiment, c'est le seul avec lequel je vois moi-même tant d'erreurs, quelle que soit leur cruauté; et quoiqu'elle ait été telle que par sa publicité dans tout l'Empire par les journaux, le mal qu'elle a fait, sur-tout à ceux qui m'appartiennent, ne sauroit être réparé par la plus grande indemnité.

Ce qu'il y a de plus honteux, et qui je l'avoue, doit passer la pitié, et ce qui est sanglant, désespérant, horrible dans ce jugement, c'est d'avoir fait frapper le vieillard, après l'avoir rendu mendiant; de vouloir le faire périr dans une prison, couvert de l'opprobre de la privation des droits civils, et sous le fardeau de condamnations pécuniaires pour lesquelles il auroit la honte de mourir insolvable, et sans autre aliment pour se substanter que le pain de la charité; et tout cela parce qu'il s'est plaint, avec autant de vérité que de nécessité, que deux avoués l'ont dépouillé de ses terres et de son argent, en se moquant de leur devoir, en prévariquant.

Il n'y a pas de motif contre lui : ce n'est qu'à moi qu'on en veut; ce n'est donc pas lui qu'il faudroit persécuter, immoler ; il n'a pas fait mes ouvrages, c'est moi seul qui dois être puni, sacrifié, pour oser faire le mauvais métier de dire la vérité, de découvrir les maux, d'en indiquer les remèdes. J'espère bien aussi, que s'il falloit absolument une victime, on se contenteroit de moi, à moins qu'on ne voulût, quoiqu'il en coûtât au vieillard, centupler mes souffrances, en mettant sous mes yeux et à mes côtés l'aspect des douleurs d'un autre innocent.

En mon particulier et d'après mes actions, j'ai toujours été bien loin de craindre les douleurs et moins encore la honte d'une prison, ni la peine encore plus grande de la privation des droits civils, ni toute autre, parce que d'après ce que j'ai fait et les circonstances de la cause, des peines seroient honorables;

je n'éprouve pas non plus, dieu merci, dans mon ame, l'affliction d'avoir compromis la liberté du vieillard; il est bien évident au contraire que j'ai voulu soulager sa misère, et j'y parviendrai, parce que je finirai par desiller les magistrats qui aiment toujours à l'être. Mais ce sont les deux avoués qui ont désormais, par la nécessité où ils nous ont mis de dire toute la vérité, contre l'inhumanité et l'atrocité de leur conduite, tout à craindre, même des peines capitales. Il n'y aura pas un lecteur sensé qui ne desire qu'ils soient punis sévèrement pour l'exemple, et de voir cesser mon oppression.

Il n'est pas possible que tant de licence et de désordre dure. Il arriveroit, tôt ou tard, comme je l'ai écrit ailleurs, qu'il ne resteroit plus des vestiges suffisans de vertu pour implorer et obtenir du souverain de la nature de mettre l'univers en éclats et de régénérer le monde, ni pour mériter le néant et le retour du cahos.

Duchesne manquera pas de conclure de son côté selon sa situation et ses intérêts.

CONCLUSIONS.

Mes conclusions se bornent à demander, sous toutes mes réserves précédement faites, qu'en disant droit sur l'appel, mettant au néant le jugement attaqué émendant, que les plaintes des avoués Lemit et Normand soient déclareées nulles, par la double incompétence prise des art. 377 et 372 du Code pénal, et par toutes autres voyes et moyens de droit; qu'ils soient condamnés solidairement dans tous les cas en cinquante mille francs de dommages et intérêts et aux dépens, et que l'affiche de l'arrêt soit ordonnée à mille exemplaires aussi à leurs frais, le tout par corps. Ces conclusions découlent naturellement des points de fait et de droit qui viennent d'être expliqués.

Il auroit été possible de les présenter avec plus de concision, si les persécutions m'en avoient laissé le temps. Mais alors même on n'y auroit pas trouvé des belles phrases ni des grands mots, et je n'aurois pas pu y mettre plus d'exactitude ni plus de substance.

SELVES.

SOMMAIRES

DU CRI DE L'OPPRESSION.

De l'Imprimerie de NICOLAS-VAUQUSE, rue de Grenelle-Saint-Honoré, n. 59.